BRIGITTE RAUTH-WIDMANN

WAS DENKT MEINE —— KATZE?

KATZENVERHALTEN AUF EINEN BLICK

MIT KOSMOS MEHR ENTDECKEN
DER
FOTO
RATGEBER
SEIT 1822

KOSMOS

INHALT

ZU DIESEM BUCH

Ist ein Buch mit dem Titel WAS DENKT MEINE KATZE nicht vermessen? Nein. Ist es nicht. Wir werden zwar nie wissen, was wirklich in den Köpfen unserer Katzen vorgeht – leider können wir sie nicht einfach danach fragen. Wir können aber durchaus behaupten, dass es weit mehr ist als rein instinktives Verhalten, was wir bei ihnen beobachten können. Und genau das möchten wir mit diesem Titel zum Ausdruck bringen.

Katzen können planen und sich ein Bild von dem machen, was kommt. Sie haben ein ausgezeichnetes Erinnerungsvermögen – was nützlich und angenehm war, wird schnell erlernt. Zudem besitzen sie ein assoziatives Gedächtnis, sie können also eine neue Aufgabe mit bereits Erlerntem vergleichen. Und sie lernen viel durch Beobachten und Nachahmen.

Vor allem im Umgang mit Menschen zeigen sie auffällig interaktives und manchmal sogar äußerst angepasstes Verhalten. Nicht, dass sie sich je in ihr Schicksal ergeben würden, dazu sind sie viel zu eigenwillig; sie lassen sich auf uns ein, schenken uns Gehör und akzeptieren unsere Gepflogenheiten. Sie integrieren uns in ihr Leben. Darüber sollten wir glücklich sein

und es ihnen danken. Weder indem wir sie und ihr Handeln vermenschlichen, noch indem wir ihnen Fähigkeiten absprechen, die sie mit Sicherheit in hohem Maße besitzen.

Katzen sind, abhängig von ihrer individuellen Veranlagung und ihren Erfahrungen, in der Lage, zielgerichtet und erfolgsorientiert bestimmte Strategien zu verfolgen. Außerdem können sie auch eine Gedanken- und Gefühlswelt erleben und ausleben, ganz ohne sprachliche Verständigung im menschlichen Sinne. (Dies geschieht nicht zuletzt in der oftmals so anrührenden Interaktion mit uns). Das ist nichts anderes als Empathie. Katzen lügen nicht. Sie drücken sich klar aus. Schauen wir einfach genau hin.

TYPISCH KATZE!

Katzen verblüffen uns stets aufs Neue mit ihrem Verhalten. Daher sollte eigentlich vor jedem einzelnen der nachfolgenden Sätze das Wörtchen „normalerweise" stehen, denn man ist bei den liebenswerten Feliden nie vor Überraschungen sicher. Wahrscheinlich kennen Sie auch ein Exemplar unter den Katzen, das Thunfisch verschmäht, gern schwimmen geht, nur aus dem Wasserhahn trinkt oder zum Pinkeln ausschließlich auf der Klobrille sitzt. Nun, auch das ist „Typisch Katze!"

KATZENWÄSCHE

Von wegen Katzenwäsche! Das, was unsere Leisetreter rund um die Uhr als Reinigungs- und Wellness-Programm veranstalten, ist deutlich gründlicher als oft angenommen. Bereits im Alter von 21 Tagen lernen Katzenbabys ihr Fell zu pflegen, und mit sechs Wochen betreiben sie die Ganzkörperpflege bereits mit großem Geschick.

➡ Kleine Widerhaken

Jene Körperregionen, die sie selbst erreichen, „waschen" Katzen sehr penibel mit ihrer äußerst beweglichen Zunge. Sie ist dicht mit biegsamen Widerhäkchen besetzt und funktioniert wie eine Soft-Zupfbürste, die sowohl reinigt, glättet als auch massiert. Bei Nichtgebrauch werden die Häkchen flach angelegt.

⬅ Ganz schön gelenkig

Der vollendeten Reinlichkeit wegen werden neben der Zunge auch die Krallen und die winzigen Schneidezähne eingesetzt, wobei sich Letztere sanft bis kräftig knabbernd und zupfend durchs Haarkleid manövrieren. Sie können es jedoch auch wie ein Kamm striegelnd bearbeiten. Das hält nicht nur den Pelz in Ordnung, sondern auch die Schneidezähne selbst.

➡ Erst nass machen…

Wo die Zunge nicht hinkommt, werden die Pfoten eingesetzt: Zuerst gründlich ablecken, um anschließend damit zum Beispiel an den Wangen, auf der Stirn oder hinter den Ohren zu putzen. Auch die empfindsamen Schnurrhaare (Vibrissen) pflegt die Mieze oft auf diese Weise, da sie beim Fressen schmutzig werden und dann in ihrer Funktion als Tastorgan wenig zu gebrauchen sind.

➡ …dann glatt streichen

Nach dem Wischgang wird die benutzte Pfote sauber geleckt und erneut gut eingespeichelt, um das Prozedere zu wiederholen. Ob mit Zunge, Pfote oder Schneidezähnen: Aufgrund ihres ausgeprägten Putzverhaltens löst die Mieze so auch lose Haare aus dem Fell und schluckt sie hinunter, scheidet sie jedoch meist problemlos über den Magen-Darm-Trakt wieder aus.

⬅ Dank Fadenpapillen

Im Zuge der Reinigungsarbeiten werden Drüsensekrete auf der Körperoberfläche verteilt, die den Eigengeruch verstärken. Das ist Katzen mindestens ebenso wichtig, wie picobello geleckt zu sein. Kein Wunder, dass sie sich an unzugänglichen Körperstellen gern von vertrauten Artgenossen putzen lassen, denn dies dient sowohl der Pflege als auch dem Duftaustausch.

LANGSCHLÄFER

Katzen beweisen sich als Weltmeister im Schlafen. 16 Stunden pro Tag können sie schlafend oder dösend verbringen. Fühlen sie sich in ihrer Umgebung sicher, ist es warm und bequem und sie sind wohlgenährt und zufrieden, schlafen sie noch länger. Dabei träumen sie auch auffallend viel – bis zu drei Stunden täglich.

⬆ Lass mich schlafen!

Neugeborene Kätzchen und alte Katzen gehören mit rund 22 Stunden Ruhezeit zu den wahren Langschläfern. Bei den Kitten ändert sich das jedoch rasch, denn ihre Wachphasen verlängern sich von Tag zu Tag. Schon im Alter von vier Wochen haben sie die Schlaf-dauer der Erwachsenen erreicht, wobei sie deutlich mehr träumen als diese. Wen wundert das ,nach all den spannenden Erlebnissen und wichtigen Erfahrungen, die ständig auf sie einströmen und die weitestgehend im Traum „verarbeitet" werden?

➡️ Gemütlich hier

Katzen mögen es behaglich. Obwohl sie überall ein kurzes Nickerchen machen können, ziehen sie sich, wenn sie länger schlafen möchten, bevorzugt an einen warmen geschützten Ort zurück, wo sie ungestört und gefahrlos auch ihre Sinne „ausruhen" können. Zudem ist es im Warmen leichter, die Körpertemperatur konstant zu halten, denn im Tiefschlaf, der bei Katzen recht lange dauert, kühlt ihr Körper merklich aus. Wie sie schlafen hängt von der Umgebungstemperatur ab: Bei um die 10 Grad kringeln sie sich ein und verbergen den Kopf unter ihrem Körper. Wird es wärmer, öffnen sie sich immer weiter, bis sie bei um die 20 Grad lang gestreckt liegen.

Relaxt auf dem Rücken liegend und alle viere in die Luft gestreckt: Auch so können Katzen schlafen – vor allem, wenn es sehr warm ist. Sind die Tiere aus ihrem Schlaf erwacht, wälzen sie sich zur weiteren Abkühlung oft voller Wonne auf feuchtem Untergrund.

⬇️ Stretching

Ist die Katze aufgewacht, reckt und streckt sie sich, um ihre Muskeln und Sehen zu dehnen und die Durchblutung anzuregen. Herzhaftes Gähnen dient zur Entspannung der Gesichtsmuskulatur. Es hilft allerdings nicht nur beim Munterwerden sondern auch zum Stressabbau. Katzen zeigen dieses Verhalten häufig, wenn sie unsicher oder unentschlossen sind.

AUSSCHEIDUNGSVERHALTEN

Katzen kümmern sich um ihre flüssigen Verdauungsrückstände fast so gründlich wie um die festen. Ob Harn oder Kot: Beides wird nach Abgabe ausgiebig beschnuppert und anschließend sorgfältig zugescharrt. Es ist Katzen auch nicht gleichgültig, wo sie ihre Hinterlassenschaften deponieren, denn zuvor wird stets ein geeigneter Ort dafür gesucht.

⬆ Markante Informationen

Doch nicht immer geschieht alles im Verborgenen. An strategisch günstigen Orten in ihrem Revier lassen Katzen gern auffällige Botschaften zurück. Da werden zum Beispiel an erhöhter Stelle Kothäufchen offen platziert, sodass man sie nur ja sehen und riechen möge. Vor allem potente Kater tun Artgenossen damit ihre Präsenz kund.

⬆ „Ich war hier!"

Zum Zweck der innerartlichen Kommunikation setzen sich Katzen – egal ob Kätzin oder Kater, ob intaktes oder kastriertes Tier – noch anderweitig auffällig in Szene: Mit hochgerecktem vibrierendem Schwanz vor markanten Gegenständen im Streifgebiet postiert, versprühen sie dort gezielt ihren Harn. Eine ganz natürliche Verhaltenweise.

 Feste drücken…

Frei laufende Katzen setzen Kot und Harn fast immer an getrennten Orten ab. Die meisten Wohnungskatzen sehen das nicht so eng und benutzen ein und dasselbe Klo für beides. Hauptsache ist: Es gibt genügend Toiletten im Haushalt, damit sich Rudelmitglieder beim Geschäft aus dem Weg gehen können und die ranghohen die tiefer gestellten dabei nicht drangsalieren. Unsauberkeit entsteht oft durch Machtdemonstrationen und Mobbinggehabe um das stille Örtchen, besonders in größeren Gruppen.

 Gründlich überprüfen

Das Resultat wird einer genauen geruchlichen Kontrolle unterzogen, bevor es die Katze mit auffälligem Gebaren zudeckt. Schon die Allerkleinsten üben sich in diesem instinktiven Verhalten, und so ist nichts einfacher, als ein Kitten, wenn es mit zwölf Wochen in sein neues Zuhause kommt, ans Katzenklo zu gewöhnen.

 Verbuddeln

Ob zugescharrt oder nicht: Wahrgenommen werden die persönlichen Duftnoten von den Artgenossen allemal. Denn sie stellen eindeutige individuelle Informationen über den Absender dar, etwa über seinen Gesundheits- und Ernährungszustand, die Paarungsbereitschaft und den sozialen Status.

WÄRMELIEBHABERINNEN

Katzen sind echte Genießer, und sie sind Egoisten. Das ist nicht verwerflich. Sie verstehen es hervorragend, sich Behaglichkeit und Vorteile zu verschaffen und sie nutzen jede Chance für sich. Sie wissen aber auch, wenn nötig, Vorsicht walten zu lassen. Denn sieben Leben hat eine Katze mit Sicherheit nicht.

⬆ Ein Platz an der Sonne

Sie aalen sich in der Wärme, genießen jeden Sonnenstrahl auf ihrem Pelz. Kurzzeitig können sie weit höhere Temperaturen aushalten, denn die Wärmerezeptoren ihrer Haut sind fast nur auf die Nasen- und Schnauzenregion beschränkt (und spielen speziell beim Beutefang eine Rolle). Katzen sind hart im Nehmen: solange man nicht brennt ...

Regeln einzuhalten ist Katzen nicht fremd, gerade im Umgang mit Artgenossen. In stabilen Katzengruppen gibt es Rangordnungsunterschiede, an die sich jedes Mitglied hält, ohne dabei unzufrieden zu sein. So ziehen sich im Rang niedrige Katzen zum Beispiel wie selbstverständlich in höhere Liegeetagen zurück, während sich die Ranghöheren unten aufhalten.

➡ Gemüt kühlen

Katzen sind ausgeprägte Individualisten mit
ziemlich impulsiver Ader. Was die eine schätzt,
braucht der anderen längst nicht zu gefallen.
Und was die eine mit stoischer Gelassenheit
toleriert, stößt der anderen sauer auf und wird
mit Fauchen oder einem Pfotenhieb quittiert.
Wird die Mieze nicht bedrängt, ist die Wallung
schnell verflogen.

⬆ Rückzugsorte

Ob aus Gründen der Körperkühlung oder
solchen für das Gemüt: Katzen sind gern mal
für sich – vorzugsweise in Höhlen und anderen Verstecken. Tiere, denen solche Auszeiten
regelmäßig zugestanden werden, belohnen ihre
Besitzer mit großer Zuneigung, Ausgeglichen-
heit und einem unbekümmerten freundlichen
Wesen.

⬆ Wenn es zu heiß wird

Bei großer Hitze legen Katzen ein Verhalten an
den Tag, das man eher von Hunden kennt: Sie
hecheln. Mit großer Gründlichkeit speicheln
sie ihr Fell ein, um von der dadurch erzielten
Verdunstungskühle zu profitieren. Dabei
verlieren sie zwar viel Flüssigkeit, die sie durch
vermehrtes Trinken ausgleichen müssen, aber
auch jede Menge an überschüssiger Wärme.

GESCHICK IST TRUMPF

Katzen mit ihrem geschmeidigen Körper voller Tasthärchen und flinken Füßen, die sich schlagartig von samtweich in steigeisenartig verwandeln können, kommen mit fast jedem Untergrund spielend zurecht. Zudem besitzen sie ein bemerkenswertes Gespür fürs Balancehalten, dafür ist ihr leistungsstarkes Gleichgewichtsorgan im Innenohr verantwortlich.

 Behutsam entlang tasten

Sofort abspringen, sobald etwas wackelt. Ihre geschmeidigen Pfötchen bringen die Katze sicher ans Ziel. Spezielle Sinneskörperchen in den Ballen reagieren ausgesprochen empfindlich auf feinste Vibrationen und geben der Mieze die Möglichkeit, geringste Erschütterungen im Untergrund unmittelbar wahrzunehmen.

 Flink voran

Die äußerst flexiblen Schnurrhaare (die Hindernisse völlig berührungsfrei wahrnehmen und so der Katze sogar in stockfinsteren Nächten den Weg weisen) „fühlend" zum Laufsteg geneigt, die Augen konzentriert geradeaus und die Ohröffnungen sichernd nach vorn gerichtet, schwebt dieser imposante Stubentiger über den Baumstamm. Der Schwanz dient als Balancierstange. Bei einem Zehntel dessen Breite käme der Vierbeiner ebenso leichtfüßig daher.

➡ Spielend hoch und runter

Ein Spaziergang über den Staketenzaun ist selbst für eine ältere Katze ein Kinderspiel: Jahrelanges Üben ist nicht der einzige Grund. Anders als etwa beim Gehör und Sehvermögen bleibt die Sinnesqualität des Gleichgewichtsorgans bis ins hohe Alter nahezu unverändert gut erhalten. Erst beim Katzensenior zeigen sich Einbußen.

➡ Mit einem Satz

Blitzschnell die Krallen ausgeklappt und den Baumstamm erklommen. Die Borke bietet Halt. Wie eine Spannerraupe geht's von einer Etage in die nächste; der flexiblen Wirbelsäule sei Dank. Doch sicheres Klettern will gelernt sein. Bis das Katzenkind wie die Alten auch an glatten Masten schnurstracks emporklettert, braucht es noch etwas Zeit – auch weil Kittenkrallen erst nach und nach aushärten und erst dann wie ein Klappmesser weit genug ausgeklappt werden können.

Bereits zum Zeitpunkt der Geburt arbeiten die hochsensiblen Sinneszellen des Gleichgewichtsorgans eines Katzenbabys auf Hochtouren. Wie sonst könnte es so zielgerichtet den wärmenden Bauch der Mutter und deren Leben spendende Milchbar ansteuern?

FINGERFERTIGKEIT

Klettern, kratzen, Beute greifen, „Vibrationen hören": Kaum eine andere
Tierart hat so vielfältig einsetzbare Extremitäten wie die Katze. Die
Krallen und Pfotenballen sind es aber nicht allein, die diese Gewandtheit
ausmachen. Auch der Karpalballen (in Höhe der Vorderfußwurzel) und
die Tasthaare oberhalb davon besitzen diese besondere Berührungs-
empfindlichkeit und dienen somit als Schwingungsrezeptoren.

Balanceakt

Das holt keine Katze hinterm Ofen hervor:
Von wegen! Die leidenschaftlichen Wärmean-
hänger lieben auch solche Geschicklichkeits-
übungen, die nicht nur ihre Muskeln trainieren,
sondern auch ihren Geist fit halten. Ein dichtes
gepflegtes Haarkleid hält warm, und die gut
durchbluteten Pfoten kommen, dank eines
ausgeklügelten Wärmeaustauschers in den
Gliedmaßen, bestens mit Kälte klar.

Nicht die Erste

Mit gespreizten Pfötchen mühelos auf dem
glatten eiskalten Metallsteg gewendet und mit
Feuereifer der Geruchsspur hinterhergeeilt:
Katzennasen interessieren sich für soziale Düfte
viel mehr als für Futterspuren. Zu erschnup-
pern, wer sich im Revier aufgehalten hat und
was es an neuen Gegenständen im Streifgebiet
mit dem privaten Duft zu markieren gilt, hat
Vorrang.

 ## Klimmzug

Behände barfuß hinaufturnen, um mit dem Artgenossen über schneebedeckte Hölzer zu spurten und durchs Geäst zu hangeln, das macht Katzen Spaß. Mit ihren sichelförmigen Krallen können sie sich beim Aufstieg geschickt einhaken. Oben rutschen die Greifwerkzeuge schnell in ihre Taschen zurück, damit die Pfotenballen lautlos und geschmeidig über den Untergrund gleiten.

 ## Kletterkünstler

Angst vor Höhe kennen Katzen nicht. Wie weit sie sich wagen, beängstigt uns oft. Doch da gibt es den sogenannten Stellreflex, der im Notfall Leben rettet, weil er ihnen während eines Sturzes aus größerer Höhe ermöglicht, sich durch eine reflektorische Körperdrehung wieder so zu stabilisieren, dass sie nicht auf dem Rückgrat, sondern (bereits ab dem 40. Lebenstag) auf den Pfoten landen.

 ## Extra für mich?

Wintersport macht hungrig. Da trifft es sich gut, dass man mit geschickten Fingern und einem langen Schwanz zum Ausbalancieren ausgestattet ist, um sich am Winterfutter der Meisen zu bedienen. Die Vögel selbst bleiben meist verschont. Obwohl Katzen bestens klettern können, jagen sie fast nur am Boden. Suchen und Lauschen ist eine Jagdtechnik, Ansitzjagd eine andere.

AUF LEISEN SOHLEN

Wendig sein und ein gutes Körpergefühl zu besitzen und sich lautlos anschleichen zu können, ist für eine erfolgreiche Pirsch besonders vorteilhaft. Gute Augen und Ohren steigern den Erfolg. Die Leistungen des Seh- und Hörsinnes bei Katzen sind fantastisch.

↑ Habe alles im Blick

Ovale Pupillen: So kennt man Katzenaugen. Bei grellem Licht formt sich die Irisöffnung zu einem schmalen Schlitz (eine Schutzfunktion). Bei Dämmerlicht werden die Pupillen runder und größer, damit mehr Helligkeit eindringen kann. Eine reflektierende Spiegelfläche direkt hinter der Netzhaut verbessert zudem die Lichtausbeute. Besonders detailreich sehen Miezen zwischen zwei und sechs Metern. Was sich rasch hin und her bewegt entdecken sie als Erstes. Das weckt sogleich ihren Jagd-instinkt und bringt sie in Habachtstellung.

↓ Über die Wiese geschlichen

Auf der Jagd nach Beute durchstreifen Katzen ihr Revier mit hellwachen Sinnen. Von Zeit zu Zeit halten sie inne, um das unmittelbare Umfeld abzuscannen – mit den Augen ebenso wie mit der Nase und dem Gehör. Haben sie etwas Interessantes entdeckt, fixieren sie es und schleichen sich an.

Mit Menschen vertraute Freigängerkatzen lassen sich sogar auf der Jagd begleiten. Artgenossen können sie nicht dabei gebrauchen. Die stören bloß. Nur der Nachwuchs darf mit: zum Abgucken bei Muttern.

 ## Über Stock und über Stein

Im Streifgebiet kennen sie jeden Winkel. Vor allem Kätzinnen, aber auch kastrierte Kater jagen vermehrt in der Umgebung ihres Zuhauses, während potente Kater weiter umherstreifen und dann eher auf den umliegenden Feldern und im Wald aktiv sind. Der Jagderfolg ist bei säugenden Kätzinnen am höchsten.

 ## Kurz vorm Ziel

Scharf zu sehen, gelingt ihnen auf kurze Entfernung nicht mehr. Jetzt sind die Ohren am Zug. Katzen können wesentlich leisere Töne hören als wir, genauer: dreimal so laut. Und sie nehmen viel höhere Töne wahr, sogar bis in den Ultraschallbereich. Katzen können auch deutlich exakter differenzieren, einzelne Töne ebenso wie Geräusche und Klangmuster. Verantwortlich dafür sind nicht zuletzt ihre imposanten Ohrmuscheln, die zu unglaublicher Beweglichkeit imstande sind.

 ## Attacke!

Beharrlichkeit zahlt sich aus. Die Anspannung steigt, in jeder Muskelfaser. Die Ohrmuscheln zucken, die Vibrissen kippen nach vorn, die Pupillen weiten sich. Die Mieze tretelt mit den Hinterbeinen. Urplötzlich schnellt sie nach vorn und katapultiert sich mit dem typischen Mäuselsprung direkt vor die Beute, greift die Maus mit den Vorderpfoten und setzt den Tötungsbiss im Nacken.

LAUERJAGD

Weniger anstrengend als die Pirschjagd ist es, vor Ort zu lauern.
Katzen tun dies bevorzugt in vertrauter Umgebung. Vor einem Mauseloch
beziehen sie gezielt Stellung und verharren reglos mit Engelsgeduld.
Zwanzig Minuten gespanntes Beobachten und Warten auf die kleinste
Bewegung ist normal.

➡ Aufgelauert

Sensorik in höchster Alarmbereitschaft: Die
Ohren peilen und sondieren. Auf die hohen
leisen Piepstöne der kleinen Nager reagieren sie
besonders exakt. Die Nase schnuppert unent-
wegt. Die Vibrissen orten jeden noch so feinen
Luftzug. Die äußerst lichtempfindlichen Augen
sind auf schnelle Bewegungen aus.

⬅ Nistkastenbelagerung

Anders als oft behauptet, stellen Mäuse den
Löwenanteil auf dem Speisezettel frei laufender
Katzen, denn sie sind geradezu spezialisiert
auf die kleinen Nager: Nicht umsonst gehen
Katzen vor allem in der Dämmerung, also
während der Hauptaktivitätszeit der Mäuse,
auf Nahrungssuche – und das während meh-
rerer Streifzüge. Zudem ist ihr Sehsinn im
unteren Teil ihres Gesichtsfeldes am leistungs-
stärksten, genau dort, wo die grauen Gesellen
bevorzugt vorbeihuschen. Dennoch werden
auch Vögel erbeutet.

⬆ Ist das aufregend!

Katzen können ihre Pupillen extrem weit öffnen, sodass besonders bei Dämmerung viel Licht einströmen kann. Eine reflektierende Spiegelfläche hinter der Netzhaut verbessert die Lichtausbeute. Auch bei großer Erregung sind die Pupillen riesig und kreisrund. Ganz anders bei starker Helligkeit: Dann verengen sie sich zum Schlitz.

⬆ Die Spannung steigt

Der aufgefächerte und nach vorn gerichtete Schnurrbart umschließt das Heupferdchen wie eine Hand, ohne es zu berühren. So kann die Katze die Beute detailliert wahrnehmen und die Position für den tödlichen Biss bestimmen. Die großen Tasthaare an den Vorderbeinen wirken dabei unterstützend. Ihre nadelspitzen Krallen hat sie schon ausgefahren: bereit zum Zugriff..

⬅ Verpasst!

Nicht immer ist der Einsatz von Erfolg gekrönt. Beim Anblick einer Beute, die momentan nicht zu erreichen ist, geben Katzen bisweilen meckernd-schnatternde Geräusche von sich. Dabei machen sie ihr Mäulchen ein klein wenig auf, ziehen die Lippen zurück und öffnen und schließen ihre Kiefer in rascher Folge. Es handelt sich hier um eine unwillkürlich ablaufende Verhaltensweise, die Biologen zu den sogenannten Übersprunghandlungen zählen. Vermutlich dient sie zum Spannungsabbau.

KATZEN UNTER SICH

Katzen gehen manchmal recht ruppig miteinander um, doch sie können Artgenossen gegenüber auch einen Charme versprühen, der ansteckend wirkt. Ein Kumpel bringt Abwechslung in den Alltag und lädt zum Spielen ein, doch hin und wieder kann das Spiel leicht kippen, und es endet im Streit. Nur gut, dass die Samtpfoten eine klare Sprache sprechen.

DUFTBOTSCHAFTEN

Ausdrucksstarke Augen, imposante, bewegliche Ohren und ausladende, flexible Schnurrhaare: Katzen haben allein anhand ihrer Mimik differenzierte Möglichkeiten, um sich klar mitzuteilen. Gang und Schwanzhaltung sind ebenfalls eindeutige Stimmungsbarometer. Am wichtigsten für die Kommunikation unter Katzen scheinen jedoch Düfte zu sein.

➡ Immer der Nase nach

Was Katzen an Gerüchen in ihrem Umfeld interessiert, sind vor allem die selbst angebrachten Duftmarken und diejenigen von Artgenossen. Mit festen und flüssigen Verdauungsrückständen lässt sich ganz nebenbei, aber auch demonstrativ wie beim Spritzharnen, das Revier abstecken. Eigens dafür produzierte Duftpartikelchen wie die sogenannten Pheromone sind jedoch noch wesentlich effektivere Botenstoffe.

⬅ Spannender Geruch

Pheromone kommen in bestimmten Drüsensekreten vor und werden durch direkten Kontakt weitergegeben – an strategisch günstigen Wegmarken ebenso wie an den Körper von Artgenossen oder an uns. Als Botschaft tragen sie zum Beispiel Informationen über die Fortpflanzungsbereitschaft des Absenders und über seinen sozialen Status. Pheromonmoleküle sind artspezifisch. Ihre Inhalte werden nur von Katzen verstanden.

⬆ Hochinteressant

Die Ohren gespitzt, die Vibrissen tastend nach vorn gekippt, den Blick unverwandt auf das Ästchen gerichtet, leckschmatzt der junge Kater dem prickelnden Duft entgegen. Mit etwas geöffnetem Maul, hochgezogener Oberlippe und gerümpfter Nase rückt er ganz dicht an die Quelle seines Interesses heran und prüft sie, indem er den Geruch einsaugt. Nein, es gefällt ihm nicht, was da in Duftlettern geschrieben steht. Die leicht nach hinten und außen gedrehten Ohrmuscheln und die zurückweichenden Schnurrhaare zeugen von seiner Anspannung. Der Kater ist irritiert. Wird er sich davon schleichen oder seine Duftmarke hinterlassen?

⬅ Übung macht den Meister

Die schweren Moleküle der Pheromone müssen in Schleim gelöst sein, damit die Katze sie gut riecht. Dies gelingt ihr mit einem besonderen Verhalten, dem Flehmen, das zwar angeboren ist, dessen Funktion aber trainiert werden muss. Schon vier Wochen alte Kitten sieht man üben, wie sie Luft einsaugen und das Luft-Speichel-Gemisch mit der Zunge an den Gaumen pressen.

INNERARTLICHE KOMMUNIKATION

Katzen können Pheromondüfte (oft sind es Sexuallockstoffe) auch wahrnehmen, ohne die typischen und merkwürdig anmutenden Gesichtsverrenkungen zu veranstalten. Fesselt sie ein Geruch jedoch sehr, flehmen sie. Obwohl alle Katzen flehmen, tun es potente Kater am häufigsten. Bewusst wird den Tieren nicht, was sie da riechen. Die Informationen gelangen nicht bis zum Großhirn.

 Berauschendes Gefühl

Den katzeneigenen Pheromonen ähnliche Moleküle finden sich auch in Pflanzen. Einzelne Tiere können durch Baldrian oder Heidekraut derart in Verzückung geraten, dass sie nach dem Schnuppern regelrecht in Ekstase verfallen. Sie reiben sich dann an den Kräutern oder wälzen sich anhaltend darin, um den Duft großflächig auf sich zu verteilen. Vermutlich wirken die Duftkompositionen derart berauschend auf diese Katzen, dass sie instinktiv zu diesem Verhalten hingerissen werden, denn davon abhalten lassen sie sich nicht. Doch längst nicht alle Katzen reagieren genauso euphorisch. Manche lässt selbst Catnip (Katzenminze) kalt. Es ist auch unterschiedlich, wie andere Katzen auf die duftgeschwängerte Artgenossin reagieren. Manche schubbern sich an ihr, andere schnuppern nur mal kurz.

➡ Duftmarken im Revier

Mit ihren Pheromondüften parfümieren Katzen – als Zeichen ihrer Präsenz und ihres Besitzanspruchs, aber auch als Ausdruck von Zusammengehörigkeit – neben ihrem Revier alle darin befindlichen Gegenstände und Lebewesen. Dieser vertraute Geruchscocktail vermittelt ihnen Sicherheit, wann immer sie wieder daran schnuppern. Da sie das Duftpotpourri beim eifrigen Rubbeln auch auf ihrem eigenen Fell verteilen, können sie sogar bei der Körperpflege dieses behagliche Gefühl genießen.

➡ Schubbern und kratzen

Obwohl Duftbotschaften weitaus haltbarer sind als Geräusche oder optische Signale, verblassen sie mit der Zeit und müssen erneuert werden. Daher rührt das große Verlangen von Katzen, möglichst oft mit ihrem Umfeld in Duftaustausch zu treten und sich überall und an jedem zu reiben. Auch mit den Pfoten wird gearbeitet, denn dort befinden sich auch reichlich Duftdrüsen mit Pheromongerüchen.

Die pheromonproduzierenden Duftdrüsen, die für die Katzenkommunikation wohl am bedeutungsvollsten sind, befinden sich an den Wangen, den Lippen, um die Schnurrhaare und an ihrem Kinn. Sie produzieren eine Vielzahl von Duftstoffgemischen, wobei fünf sogenannte Gesichtspheromone unterschieden werden (gekennzeichnet mit F1 bis F5). Jede steht mit einem anderen Verhaltenskomplex in Verbindung.

KATZENBEGEGNUNGEN

Katzen erkennen sich am Geruch, weswegen der Gesichtsbereich mit den pheromonproduzierenden Drüsen bei der Begrüßung im Vordergrund steht. Lange beschnuppern sie das Gesicht der anderen, um sich durch Reiben selbst geruchlich verewigen. Anschließend ist man im Bilde: „Dich kannte ich schon." „Du gehörst zur Sippe." Oder auch nicht.

Auf Tuchfühlung

Für ihre Sozialkompetenz ist es Katzen wichtig, möglichst viele individuelle Duft-informationen von Artgenossen zu erhalten. Da Pheromone anders als leicht flüchtige Duftstoffe nur über sehr geringe Distanzen wirksam sind, müssen die Samtpfoten ganz dicht zusammenrücken, um sie wahrnehmen und analysieren zu können.

Im Zuge der Domestikation und der dabei auftretenden höheren Geselligkeit sind neue Kommunikationssignale entstanden, wie das hoch aufgerichtete Schwänzchen, das viele Tiere bei der Annäherung an bekannte und freundliche Artgenossen zeigen. Es dient als soziales Signal zur Entspannung und Beschwichtigung bei zunehmender Katzendichte in einem Gebiet.

Geruchskontrolle

Und so läuft es ab, wenn sich zwei Katzen, die sich gut kennen und mögen, begegnen: Die Tiere stupsen zunächst ihre Nasen sacht aneinander und beschnuppern sich um Nase und Maul herum, manchmal auch an den Wangen entlang bis zum Ohr. Dabei leckt man sich schon mal flüchtig übers Gesicht. Nach dem kurzen Nasenstüber reiben beide ihre Köpfe, Körperseiten und Schwänze aneinander. Gelegentlich kann man beobachten, dass sie sich nun an den Flanken in Richtung Schwanzbasis beschnuppern. Auch der Analbereich wird kurz unter die Lupe genommen, denn auch dort finden sich eine Reihe von Drüsen, die unter anderem Pheromone absondern. Die Unterschwanzdrüse, die bei Katern doppelt so groß ist wie bei Katzen, steht wahrscheinlich mit der Individualerkennung des Katers durch die Katze und möglicherweise auch mit der Geschlechtserkennung als solche in Zusammenhang.

➡ Zwei, die sich verstehen

Und Katzen haben doch eine starke soziale Ader! Nach der Begrüßung gehen beide oft ein kurzes Stück gemeinsam, nicht selten Seite an Seite und eng aneinandergeschmiegt, wobei sich die Schwänze umeinanderwinden. Ab und zu reibt man noch mal schnell die Wangen aneinander, geht dann entweder getrennte Wege oder kuschelt sich an einem gemütlichen Platz für ein Nickerchen dicht zusammen.

KRATZMARKEN SETZEN

Kratzen dient der Krallenpflege. Ebenso wichtig sind die sichtbaren und für die Artgenossen geruchlich wahrnehmbaren Spuren, die dabei entstehen. Zumindest aus Katzensicht lassen sich mit Kratzspuren hervorragend Nachrichten schreiben, die ähnlich effektiv sind wie die übrigen Markierungsmethoden. Auch deshalb „schärfen" Katzen ihre Krallen.

 **In die Rinde geritzt**

Ob an harten trockenen und borkenfreien Stämmen, zäher Rinde oder feuchten morschen Hölzern, ob auf Sisalgeflechten, dicker Pappe oder textilbezogenen Kratzbrettern: Die Krallen wie Steigeisen verankert, widmen sich die Miezen dort mit Inbrunst dem Krallenwetzen. Eine augenfällige und dauerhafte Information für ihre Artgenossen, die zudem geruchlich sehr interessant sind.

 **Krallen schärfen**

Wenn Katzen ihre sichelförmigen Krallen über die Baumrinde oder das Geflecht ihres Kratzbaums ziehen, „schärfen" sie ihre schlimmsten Waffen. Sie reiben dabei die abgenutzten, bröckelig spröden Außenschichten der Krallen ab, schleifen sie auf passende Länge zu, spitzen sie dolchartig an und reinigen die gefurchte Unterseite des Horns von Schmutz.

➡ Mit voller Hingabe

Mit weit ausgefahrenen Krallen und wie der Welt entrückt schaben Katzen über den Untergrund, manchmal so lange, bis die Fetzen fliegen. Zum Zweck der Mani- beziehungsweise Pediküre ist es wichtig, dass sie passende Materialien vorfinden, sodass alle 18 Krallen gepflegt werden können. Nur an horizontalen Flächen können die Krallen der Hinterfüße ebenso wie die der Vorderfüße zum Einsatz kommen. Und nur Rund- oder Kanthölzer (am besten vertikal) kann eine Mieze derart mit den Vorderläufen umklammern, dass auch ihre Daumenkrallen abgeschliffen werden. Draußen finden Katzen, was sie brauchen, drinnen müssen wir dafür sorgen.

⬅ Duftcheck – gelungen!

Kratzen als solches sowie die optischen Marken, die dabei entstehen, sind nicht die alleinigen Signale beim Krallen-wetzen. Gerüche, genauer: Duftstoffe aus den zahlreichen Schweißdrüsen der Pfoten- und Zehenballen, werden dabei ebenfalls freigesetzt. Welche Nachricht hat der Vorgänger wohl hinterlassen? Gewissenhaft wird geprüft, wie es duftet – vor dem Kratzakt ebenso wie danach.

Die Hornbildungsrate des schmalen und stark gekrümmten Krallenrückens ist bei der Katze ausgesprochen hoch und wesentlich stärker ausgeprägt als auf der Unterseite. So entsteht die Sichelform, die für den Beutefang genauso vorteilhaft ist wie für das Erklimmen höchster Baumwipfel.

ZUSCHAUER ERWÜNSCHT

Beim Markieren lassen sich Katzen gern zusehen. Alle sollen mitbekommen, was die Stunde geschlagen hat. Speziell ums Krallenwetzen machen Miezen eine Mords-Show. Im Beisein von Artgenossen zeigen sie es wesentlich häufiger und ausdauernder als ohne Zuschauer. Je selbstbewusster eine Katze ist, umso markanter sind die Kratzspuren – und umso eindringlicher deren Duft.

 Kinn reiben

Wenn Miezen einander „Köpfchen geben", lassen sie ihren persönlichen Duft da und nehmen den des Artgenossen mit. Mit ihren Gesichtspheromonen setzen sie jedoch auch Wegmarken. Besonders gern und ausgiebig reiben Katzen ihr Kinn an strategisch relevanten Orten ihres Streifgebiets, um ihre Präsenz kundzutun und um diese als vertraut zu markieren. Während bestimmte Pheromonkomponenten (F2) im Zusammenhang mit sexuellem Verhalten stehen und vor allem bei Katern beim Kopfreiben im Kontakt mit weiblichen Artgenossen zum Tragen kommen, gibt es andere (F4), die der sozialen Unterscheidung „bekannt – unbekannt" dienen. Andere (F3) wiederum werden an leblosen Gegenständen vertrauter Routen oder an Orientierungspunkten im eigenen Terrain abgegeben und dienen der Markierung. Speziell diese Komponente findet in der Pheromontherapie Verwendung.

➡ Wie kleine Klappmesser

Äußerst bewegliche Zehen mit nadelspitzen Sichelkrallen: beeindruckend. Spannend ist auch, dass an den Pfoten eine Menge Schweißdrüsen sitzen, die permanent Sekrete abgeben, welche die empfindlichen Ballen geschmeidig und elastisch halten. Beim Laufen hinterlassen Miezen duftende Fußabdrücke. Je erregter das Tier, umso mehr Sekret – besonders viel beim Krallenwetzen, wo es in die Kratzspuren fließt, um dort länger seinen typischen Duft zu verströmen.

➡ Was Pfotenabdrücke sagen

Man hat herausgefunden, dass gerade die Schweißdrüsen in der Fußmitte einen Duftcocktail abgeben, der sogenannte Schreck- oder Alarm-Pheromon-Wirkung entfaltet. Man glaubt, dass es diese Gerüche sind, die beispielsweise in Tierarztpraxen dazu führen, dass neu ankommende Katzenpatienten sogleich in Angst und Schrecken versetzt werden.

➡ Individuelle Duftmarke

Je mehr Katzen in einem Revier leben, umso häufiger wird durch Versprühen von Harn der Besitzanspruch kundgetan. Auch Wohnungskatzen zeigen dieses Verhalten, zum Beispiel, wenn fremde Tiere einziehen. Sexuell motiviertes Markieren verschwindet in der Regel nach der Kastration. Das Harnversprühen, das allein der Reviermarkierung dient, bleibt jedoch bestehen.

KRÄFTEMESSEN AUF ENTFERNUNG

Da ihr Lebensraum enger wird, setzen Katzen alles ein, was ihnen zur unmissverständlichen Kommunikation zur Verfügung steht, um ernsthafte Streitigkeiten zu vermeiden: Mimik, Gestik, Körperhaltung, und, falls nötig, die Lautsprache – Schnurren zur Beruhigung oder Fauchen, Spucken und Knurren, damit das Gegenüber Abstand hält.

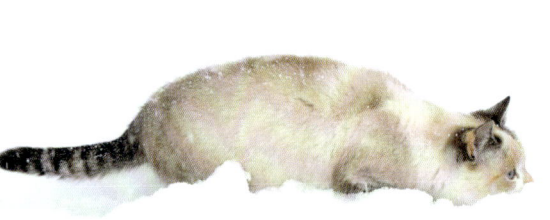

⬆ Was ist denn hier los?

Stubentiger, die regelmäßig nach draußen dürfen, verlangen selbst im Winter mit Nachdruck, ins Freie gelassen zu werden, um im Tiefschnee auf die Pirsch zu gehen oder ihr Revier abzustecken. Da kann es schon mal vorkommen, dass sie plötzlich auf ganz andere Revierverhältnisse stoßen als am Vortag. Doch Katzen, die in ihrer frühen Jugendphase vielfältigste Erfahrungen sammeln konnten, lassen sich auch vom ersten Schnee ihres Lebens nicht beeindrucken.

⬆ Katzenbuckel und Flaschenbürste

Pikantes Treffen in der Schneefurt. Mit durchgestreckten Beinen richtet sich die Katze auf und sträubt die Haare über Rücken und Schwanz. So sieht sie groß und furchterregend aus. Gleichzeitig weicht sie mit den Vorderbeinen leicht zurück und krümmt ihren Rücken zu einem kopfstehenden U, zudem hält sie den gesträubten Schwanz nach unten gesenkt – eine typische Angstgebärde.

Ich ergebe mich

Immer noch ist es der hinteren Katze (Fleur) nicht wohl in ihrer Haut. Das gesträubte Fell und der nach einem Fluchtweg suchende abgewandte Blick vom vermeintlichen Gegner zeigen das. Die Angriffsbereitschaft nimmt jedoch ab, denn die Spannung in der Hinterhand lässt nach und sie beginnt einzuknicken. Die Ohren sind nach wie vor gespitzt, nicht angstvoll angelegt, der Blick offen. Sie ahnt wohl, dass keine Gefahr droht, denn es ist ihre Schwester (Minka), die ihr im Engpass entgegenkommt.

> **Der Katzenbuckel entsteht** immer dann, wenn eine Katze sich sehr unbehaglich fühlt, zwar den Willen hat, sich zu verteidigen, letztlich jedoch nicht den Mut dazu aufbringt.

Deeskalation

Weil es im Tiefschnee kein sicheres Entkommen gibt und sich die Katze höchstens mit einem Sprung retten kann, der die andere zum Nachspuren anregen würde, macht sie sich klein, um das Wohlwollen des Gegenübers zu erlangen. Dass sie sich nicht voller Furcht ergibt, offenbart ihre recht entspannte Mimik. Sie wartet einfach ab, was Minka vorhat. Die täuscht zunächst „Anschleichen und Attacke" vor, huscht dann aber, Fleur keines Blickes würdigend, an ihr vorbei.

AUSGANG UNGEWISS

Trotz bester Kommunikationsmittel kommen Katzen manchmal in prekäre Situationen – nicht zuletzt, weil sie es beim Imponieren etwas übertrieben haben. Oder sie gehören zu jenen, die aufgrund ihrer Jugendentwicklung (beispielswiese zu wenig Kontakte zu Gleichaltrigen und dadurch fehlende prägende Erfahrungen) zu den weniger sozialen Zeitgenossen zählen.

 ## Freundliche Gesten

Erst sieht es aus, als könnten sich die beiden gut leiden, doch im nächsten Moment kann sich das Blatt wenden. Bei Katzen, die in einer Gemeinschaft zusammenleben, gibt es oft Tiere, die im Umgang mit ihresgleichen stets auf der Hut sind. Meist sind es die unsicheren Vertreter, deren Annäherungsversuche bei den anderen nicht immer gut ankommen. Hier hilft nur ein Streitschlichter.

 ## Was willst du?

Minka hatte gedöst. Bei der plötzlichen Annäherung des Artgenossen duckt sie sich abwartend, weder ängstlich noch abwehrend, aber doch in Habachtstellung, falls Fliehen nötig wird. Die Ohren sind gespitzt, der Blick offen und die Vibrissen hält sie sichernd nach vorn. Dass sie sich doch etwas unbehaglich fühlt, zeigt ihr rechtes Ohr, das sie leicht nach hinten gedreht hat.

➡ Da geh ich lieber!

Tinker nähert sich interessiert einem Busch. Plötzlich kommt ein Artgenosse. Tinker duckt sich, um möglichst unbedrohlich zu erscheinen und beim Gegenüber keine Aggression zu wecken, schließt die Augen zur Beschwichtigung, senkt die Ohrmuscheln ab und zieht sie etwas nach hinten. Das zeigt, dass ihm mulmig ist. Unauffällig versucht er davonzuschleichen.

➡ Jetzt bin ich der Größte!

Für den Betrachter mag es bedrohlich wirken, doch was die beiden Katzen da veranstalten, lässt sich unter „Spielaggression" abhaken. Typische Auseinandersetzungen dieser Art sind das Verteidigen erhöhter Plätze, aber auch wilde Verfolgungsjagden zählen dazu. Kennzeichnend für den spielerischen Charakter ist, dass die vermeintlichen Kontrahenten dabei die Rollen tauschen.

⬅ Satz heiße Ohren

Kraft und Koordination werden hierbei ebenso trainiert wie gegenseitiges Maßregeln, etwa in Form von Backpfeifen. Konflikte entstehen erst, wenn die Sparringpartner ein sehr ungleiches Kräfteverhältnis aufweisen, wobei einer nicht mehr in der Lage ist, sich zu wehren, vom Stärkeren ungezügelt gepiesackt wird und unter Gezeter flüchten muss, statt Paroli zu bieten.

BENIMMREGELN ÜBEN

Es ist ein harter, steiniger Weg bis zum Erwachsenwerden und bis man Akzeptanz in der Gruppe erlangt. Bei diesem Prozess spielen viele Faktoren eine Rolle, etwa die Genetik des Tieres, die u. a. seine Persönlichkeitsstruktur ausmacht, die Aufzucht und das Verhalten der Mutterkatze, die seine Sozialkompetenz beeinflussen.

Was machst du da?

Der junge Kater muss lernen, dass man eine Altkatze beim Putzen nicht stören darf. Doch übermütig, wie er ist, wagt er sich heran. Doch ein bisschen vorsichtig ist er schon: Sehen Sie seine bedachte Annäherung, die angekippten Ohren und die etwas geduckte Körperhaltung? Dann will er es unbedingt wissen …

Lass mich!

Mit einem Satz springt er seine Tante an, sodass sie den Halt verliert. Abwehrbereit reißt sie ihre Füße in die Höhe, um ihren bloßen Bauch und die Kehle zu schützen und um sich Gelegenheit zur Beurteilung der Lage zu schaffen. „Ach, der wieder!" Lion ist längst als Stänkerer bekannt. Der Youngster lässt kaum eine Gelegenheit aus, sich unbeliebt zu machen. Blitzschnell kommt sie auf die Beine, defensiv noch, aber nicht mehr lange.

➡ Gleich knallt es!

Lion hat ihre Aggression geweckt. Die weit nach hinten gelegten Ohren, bei denen die Rückseiten fast ganz sichtbar werden und die Öffnungen seitwärts weisen, sind ein deutliches Anzeichen dafür, wie irritiert und ärgerlich sie ist. Bedrängt er sie jetzt noch mehr, riskiert er eine Attacke. Er hat Glück, denn es endet nur mit Spuck-Fauchen zur Abwehr. Fleur möchte einen körperlichen Schlagabtausch vermeiden.

⬇ Dann spiel ich halt allein!

Diese Lektion hat er verstanden und trollt sich – Heu zerfetzen. Obwohl es auch bei Katzen die beiden charakteristischen Persönlichkeitstypen A und B gibt (A: besonders waagemutig und erkundungsfreudig; B: eher scheu und abwartend), bestimmt bei ihnen mehr als bei den meisten anderen Tierarten die Individualität das Verhalten. Lion ist eine A-Persönlichkeit, die – anders als der B-Typ – keine hohe Toleranzschwelle hat, wenn ihm etwas misslingt. Er wird dann erst mal zickig. Zudem zählt er, sicher auch aufgrund seiner Fellfärbung, zu den streitbaren Individuen. Denn es ist erwiesen, dass bei Katern die Erbanlage für Orangefarben mit einer erhöhten Aggressivität gekoppelt ist.

DOCH EINZELGÄNGER?

Erwachsene, nicht kastrierte, frei laufende Kater haben ein deutlich größeres Streifgebiet als Katzen, und sie wandern oft von zu Hause ab, um allein herumzustromern, und um rollige Weibchen zu besuchen. Kastrierte Kater sind viel standorttreuer. Bei Übervölkerung oder Nahrungsknappheit verlassen auch rangniedrige Weibchen die Gruppe.

Instabilitäten gibt es bereits ab fünf Tieren in einer Gruppe. Ist das Terrain groß und das Nahrungsangebot reichhaltig genug, bleiben die rangniederen Kätzinnen in der Peripherie. Sie können aber auch zu Einzelgängerinnen werden.

 ## Kommst du wohl?

Katzen sind bekanntlich ausgesprochene Individualisten. Die Toleranz, wen sie in ihrem Revier dulden und zu welchen Bedingungen, ist daher sehr unterschiedlich. Nicht nur Kater, auch manche Kätzinnen üben sich nicht in vornehmer Zurückhaltung, wenn es darum geht, einem Artgenossen mal schnell eins auszuwischen. Lillys Ohrstellung verrät unzweifelhaft: Hier liegt Ärger in der Luft. Sie fühlt sich von ihrer Tochter bedrängt, die dicht über ihr im Ast Stellung bezogen hat. „Kommst du runter oder soll ich dich holen?"

Was guckst du?

Tina düst hinunter, will gut Wetter machen. Sie schiebt ihrer Mutter zur Besänftigung das Köpfchen zum Beschnuppern entgegen und reckt zum freundlichen Gruß den Schwanz in die Höhe. Schließlich wendet sie sich beschwichtigend zur Seite. Sie möchte jetzt nur eines: sich ungesehen und ohne Staub aufzuwirbeln von dannen schleichen.

 ## Schon gut!

Alle Regeln des Miteinanders und der Rangordnung hat Tina befolgt. Jetzt wird die Mutter sie bestimmt ziehen lassen. Sie hatte immerhin nichts Schlimmes im Sinn, als sie im Baum, dicht über Mamas Kopf, den Vögeln nachschaute. Doch mit Lilly ist heute nicht gut Kirschen essen. Sie entscheidet sich (ist es eine erzieherische Maßnahme?) nicht dafür, ihrem Kind Absolution zu erteilen, sie trachtet nach etwas anderem ...

 ## Spielerische Blitzattacke

... dem „Nahkampf" aus dem Hinterhalt – der in einer spielerischen Rauferei unter Gleichstarken endet. Selbst in absolut stabilen Erwachsenen-Clans sind solche vermeintlichen Feindseligkeiten zu beobachten. Die Temperamentvollsten zetteln sie meist an. Solange so etwas nicht an der Tagesordnung ist und mit ernsten Blessuren endet, besteht kein Grund zur Sorge.

KATERKLINSCH

Es geht um Ressourcen – um ein Revier mit Beute und den Zugang zu rolligen Weibchen. Je höher der Rang, umso größer die Chancen darauf. Daher sind Kater bemüht, einen möglichst hohen Sozialstatus zu erreichen, den es durch Machogehabe zu erhalten gilt; wie häufiges Markieren, Drohgesänge und permanente Demonstration der Leistungsfähigkeit.

 ## Backpfeifen und Hiebe

Diese zwei jungen Kater proben spielerisch den Ernstfall. Noch sind sie nicht zum kräftezehrenden andauernden Machtbeweis gezwungen, aber doch schon darum bemüht, eine Rangfolge auszuhandeln. Neben Alter, Erfahrungsschatz, körperlichem Geschick und Kraft sind es vor allem Größe und Gewicht, die den sozialen Status bestimmen. Wer bei den Kätzinnen den Zuschlag bekommt, ist eine andere Sache. Ein Männchen mit tiefem, weitreichendem Gesang, kann kein Mickerling mit schlechten Erbanlagen sein, noch steht er schlecht im Futter. Auch ein idealer Partner.

Der Sozialstatus von Katern kann sich nach einer Kastration drastisch verändern, in der Regel in Richtung Rang tiefer. Der von Kätzinnen ändert sich nach einem solchen Eingriff offensichtlich nicht. Es konnte beobachtet werden, dass potente Kater kastrierte nach und nach aus deren Revieren abdrängen. Werden Männchen lediglich sterilisiert, passiert das nicht.

Starr-Duell

Großmachen, drohend Heulen, Fixieren: Durch imposantes Verhalten soll der Gegner eingeschüchtert werden, ein sogenannter Kommentkampf, ein Scheingefecht. Gerade bei der Fortpflanzung möchte man die eigenen Belange durchsetzen, aber gleichzeitig den Ernstkampf vermeiden. Immerhin haben Katzen gefährliche Waffen, die dem Gegner üble Verletzungen zufügen können.

 ## Ringkampf

Hier ist eindeutig Schluss mit lustig. Fauchen, Spucken, Knurren, Grollen und kreischendes Schreien, dazu eine Körpersprache, die keine Fragen offenlässt. Heftiges, verletzendes Pfotenschlagen, Umeinanderrollen (wobei beide Kater versuchen, sich gegenseitig Bisse zuzufügen), peitschende Schwänze, seitlich geneigte Ohrmuscheln: Hier ist eine handfeste Auseinandersetzung im Gang, wohlgemerkt, unter Kastraten. Lion, der einzige Sohn eines ranghohen Weibchens, hatte „von Haus aus", aber auch durch seine Art, einen höheren sozialen Status als Tinker, der deutlich ältere Kastrat. Einige Monate nach Lions Kastration gab es immer wieder Rangeleien zwischen den beiden, bis, nach diesem Gefecht plötzlich Frieden herrschte und sie täglich friedlicher, ja freundlich interagierten.

EINTRACHT GENIESSEN

Ein nahezu reibungsloses Miteinander gibt es durchaus, vorausgesetzt, man kann sich aus dem Weg gehen, sobald einem danach ist. Und auch die Chemie muss stimmen, damit stabile Beziehungen entstehen können beziehungsweise eine dauerhafte Vergesellschaftung gelingt.

⬆ Geteiltes Bett

Wenn in größeren Kätzinnengruppen zwei ehemalige Kontrahentinnen nach durchgestandenem Konflikt schneller und intensiver positiven Kontakt aufnehmen als zuvor, ist das nichts Ungewöhnliches. Dieses Versöhnungsverhalten, das man auch von Primaten und Caniden kennt, ist ein Indiz dafür, dass auch Katzen an der Aufrechterhaltung einer sozialen Gruppe etwas liegt. Das kommt sogar bei männlichen Kastraten vor.

Kümmer dich um mich!

Sich schnurrend aneinander kuscheln: Das mögen Katzen. Mehr noch genießen sie es, wenn der Artgenosse zum Grooming aufgelegt ist und sich hingebungsvoll leckend vor allem den Körperregionen widmet, die man als Katze selbst nur schwer erreicht. Auf der Stirn, im Nacken und am Hals ist es besonders angenehm. Der Körperpflege und dem Austausch von Pheromondüften allein scheinen diese innigen Kontakte nicht zu dienen. Man kann sich des Eindrucks nicht erwehren, dass diese ausgiebigen und abwechselnd ausgeführten Zärtlichkeiten der Katzenseele guttun und das allgemeine Wohlbefinden fördern.

> **Ranghohe Katzen** tauschen mehr Zärtlichkeiten mit ranghohen aus als mit rangniederen. Diese wiederum haben untereinander mehr intensive positive Sozialkontakte.

Mhmmm, nicht aufhören!

Genussfähigkeit und ein gewisses Harmoniebedürfnis kann man den kleinen Feliden wirklich nicht absprechen. Zumal beides bekanntlich Stress reduzierend und damit gesundheitsfördernd wirkt – was unseren Katzen vermutlich eher bewusst ist als uns! Auch das angenehm klingende (bei Hauskatzen mit rund 25 Hertz) vibrierende Schnurren hat offenbar heilsame Wirkung – nicht nur für unsere Seele, auch für die Tiere selbst. So soll es die Fitness und Gesunderhaltung fördern, die Knochendichte erhöhen, außerdem das Knochenwachstum stärken und damit die Heilung bei Knochenbrüchen beschleunigen.

MIEZ UND MENSCH

Mit schier endloser Geduld können die anschmieg-
samen Samtpfoten beobachten – ihre potenzielle
Jagdbeute ebenso wie uns. Ihre empfindlichen
Sinnesorgane nehmen jede unserer Regungen wahr,
registrieren jede positive Verstärkung. Der bes-
seren Verständigung wegen setzen sie, anders als
unter ihresgleichen, sogar auf die bei uns so ge-
schätzte Lautsprache.

MEIN MENSCH

Unter Artgenossen wissen sie ihre Belange durchzusetzen: Bestimmte Aktionen der einen Katze lösen ganz bestimmte Reaktionen bei der anderen aus. Damit lässt sich meist das erzielen, was der Sender des Signals beabsichtigt hatte. Wieso sollte dies nicht auch im Umgang mit uns Menschen funktionieren?

➡ Genau, da!

Unsere Katzen machen eindeutig klar, was sie wollen. Sofort sind wir zur Stelle und erfüllen ihre Wünsche. Nicht nur, dass wir ihnen das schuldig sind, wir wollen es schließlich nicht anders. Jedem (ihr wie uns) sein privater Rückzugsort und seine Auszeit zum richtigen Moment, und einer wundervollen Beziehung steht nichts im Weg.

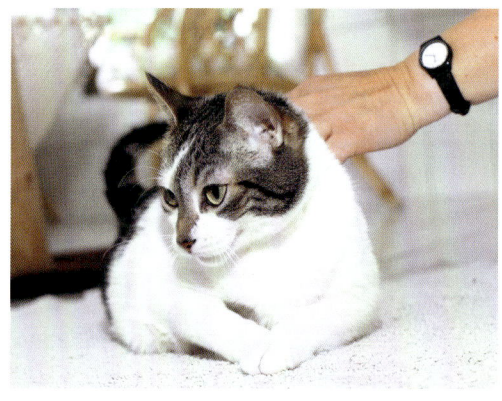

⬅ Warm und weich

Freundlich angestupst: „Darf ich?", nehmen die meisten Miezen liebend gern auf unserem Schoß Platz, um ausgiebig gekrault zu werden. Dabei schnurren sie vor Zufriedenheit und Wohlbefinden, manchmal treteln sie rhythmisch mit den Pfoten: Entspannung pur. Kommen dabei unerwartet die Krallen zum Vorschein, geschieht das rein reflektorisch und ohne Verletzungsabsicht. Maßregeln wäre das falsche Mittel, und für die Katze unbegreiflich. Besser ist es, sich vorher ein Kissen auf die Beine zu legen.

 Kleine Freunde

Ob jung, ob alt – alle werden ins Duftumfeld unserer Stubentiger einbezogen. Wie selbstverständlich reiben sie ihr Köpfchen und ihre Flanken an unseren Körpern und streichen mit dem Schwanz so lange an uns entlang, bis auch noch die Schwanzwurzel mit ihrem ausgefallenen Duftcocktail Kontakt bekommt.

⬆ Mitspieler gesucht

Zur Begrüßung, um einen leckeren Happen zu erbetteln oder um zu spielen, ziehen Katzen sämtliche Register ihres Charmes. Besonders vertraute Menschen werden nicht nur reibend und schubbernd umgarnt, sie werden geleckt und sanft beknabbert, vorzugsweise an den Händen. Und? Es funktioniert.

Während die Katze sich so intensiv und körpernah mit uns beschäftigt, verteilt sie unsere Düfte auf ihrem Haarkleid, außerdem parfümiert sie uns. Da sie gezielt die Körperteile an uns reibt, die die meisten Geruchspartikel abgeben, tragen wir hinterher ein Leuchtfeuer aus Duftmarken an uns, das wir selbst leider gar nicht wahrnehmen können, das uns für andere Katzen jedoch überaus interessant macht.

ZWIEGESPRÄCH

Katzen verbringen viel Zeit damit, um uns zu beobachten. Wir sollten es auch tun, weil dann die Verständigung besser klappt. So hat nicht nur ihr Miau zahllose Facetten. Auch aus ihrer Ohrenstellung lässt es sich lesen. Mit dem Wissen darüber, was die geheimnisvollen Wesen uns sagen, gelingt es leicht, ihre Bedürfnisse zu befriedigen.

 Miau!

Jede Katze hat ihren eigenen Dialekt, und es fällt nicht schwer, seine Samtpfoten am Miau zu unterscheiden. Mit Veränderungen der Länge und Betonung der einzelnen Silben drücken die Tiere ihre Stimmungen und Wünsche aus: Wird das „a" betont, ist Mieze enttäuscht. Bekommt das „u" mehr Gewicht, klingt sie wie verzweifelt: Sie bettelt.

Hey du!

Das Schwänzchen zum „Hallo!" freundlich in die Höhe gestreckt – wobei er gleichzeitig seinen Analbereich zum Beschnuppern präsentiert (dem allerdings keiner von uns „Nasenstümpern" nachkommt), beeilt Lion sich, Kontakt aufzunehmen. Ruft man ihn freundlich, knickt er sofort die Schwanzspitze um: „Schön, mein Mensch, ich mag dich auch."

⬆ Lass mal!

Ein Anflug von Unbehaglichkeit mit der Note „abwehrbereit": Augen, Ohren und Schnurrhaare sind aufmerksam nach vorn gerichtet, um die Aktionen des nahenden Objekts zu verfolgen. Je näher es rückt, umso größer macht sich die alte Katze, streckt die Hinterbeine durch, stellt die Nackenhaare auf und beginnt ärgerlich, mit dem Schwanz zu peitschen.

⬆ Ab durch die Mitte

Nein! Da haut sie lieber ab. Es ist keine überstürzte, panische Flucht, das zeigt die recht entspannte Mimik. Nur am Schwanz lässt sich erkennen, dass etwas ihr Misstrauen erregt hatte, ihr jedoch der Mut fehlte, abzuwarten. Obwohl sie nicht verfolgt wird, beeilt sich die junge Katze mit langen Sätzen, um den anvisierten Zufluchtsort zu erreichen.

➡ Bleib weg!

Die Ohrmuscheln sind nicht nur leicht nach hinten gedreht, sie werden zum Schutz an den Schädel angelegt. Die Schnurrbartreihen stehen dicht, sind eher starr ausgerichtet und bilden ein möglichst unauffälliges Band. Das ist mehr als Ärger und schlechte Laune – Unsicherheit und Angst sind hier im Spiel. Doch die Katze hat nicht vor, zu fliehen, sie will das Gegenüber auf Abstand halten: Gleich beginnt sie mit Spucken und Fauchen, den Vorboten einer Verteidigung.

EIN FREMDER

Es gibt Katzen, die wie ein Hund angeleint spazieren gehen oder ihren Menschen in den Urlaub begleiten, sprich, allem Neuen offen gegenüberstehen. Manche Samtpfötchen wollen auf der Stelle jeden neuen Schoß besetzen, um danach zu schauen, bei wem sie gerade gelandet sind. Andere sind eher zurückhaltend, was genauso katzentypisch ist.

 ## Wer bist du denn?

Mit gespitzten Ohren, vorgestreckten Vibrissen und wachen Augen verfolgt der Kater aufmerksam, was vor ihm über den Boden huscht. Seine zuckende Schwanzspitze verrät, dass er angespannt ist, weil er die Situation nicht einzuschätzen weiß. Normalerweise würde er nun mit Jagdspielverhalten reagieren, sich anpirschen oder mit einem Satz vorschnellen. Doch er stutzt.

 ## Lass mal riechen!

Pah! Nichts für mich. Was er präsentiert bekommt, mag er überhaupt nicht, wie sich anhand seiner Mimik unschwer erkennen lässt. Ist es die Hautcreme (mit dem für uns geruchsneutralen, von Katzen aber oft gemiedenen Kokosnussöl), die ihm so missfällt, dass er die Hand nicht an sich heranlässt, obwohl er Fremden gegenüber ansonsten ein offenes, zutrauliches Wesen an den Tag legt?

 ## Das geht zu weit!

Solche handgreiflichen Provokationen vonseiten eines Fremden, sprengen wirklich den Rahmen. An den empfindlichen Bauch lassen vor allem potente Kater so schnell niemanden ran. Hier mit ungeschützten Händen spielen zu wollen, grenzt an Leichtsinn. Man sollte die abwehrenden Signale des Tieres ernst nehmen, um keine blutigen Kratzer zu riskieren.

 ## Bitte nicht ansprechen!

Die Augenlider geschlossen und den Kopf leicht zur Seite geneigt, gibt uns die Katze zu verstehen, dass die Annäherung jetzt nicht willkommen ist. Trotzdem rückt die Fotografin etwas näher. Prompt tut die Mieze mit der Stellung der Ohrmuscheln ihren Unmut kund. Als ihre Schwanzspitze angespannt zu zucken beginnt, räumen wir das Feld: Wir sind hier schließlich nur zu Gast. Unsere Rücksichtnahme wird übrigens sofort belohnt. Denn die wunderschöne Bengalkatze spitzt gleich die Ohren, öffnet ihre strahlenden Augen und lächelt.

Die persönlichen oder rassespezifischen Wesensunterschiede sollte man akzeptieren, damit sich Katzen weder bedrängt noch übersehen fühlen. Man braucht schon etwas Einfühlungsvermögen, um herauszufinden, was gut ankommt. Abwarten, bis die Katze von sich aus Kontakt aufnimmt, wäre höflich.

GAR NICHT LUSTIG!

Rassekatzen sagt man eine ausgeprägte Menschenbezogenheit nach als Hauskatzen. Sie sollen anhänglicher sein, gesprächiger und Fremden gegenüber aufgeschlossener. Ich teile diese Ansicht nicht, da mich Hauskatzen begleiten, alle anhänglich, freundlich und sehr gesprächig. Die Annahme kommt wohl daher, dass manche Hofkatzen aufgrund fehlender Sozialisation nicht so aufgeschlossen sind.

 **Du nervst!**

Dennoch kann es selbst dem freundlichsten, mitteilsamsten Tiger im Taschenformat einmal zu bunt werden: Dieses dauernde Blitzlichtgewitter aber auch! Minka ist mürrisch und unschlüssig, ob sie gleich von dannen ziehen soll, um der Kamera zu entkommen, oder ob – auf ihre klare Körpersprache vertrauend – der lästige Zweibeiner mit seinem Fotoapparat ihre Stimmung erkennt und seinerseits verschwindet. Glücklicherweise kommt die Botschaft an. Trotzdem hat man ihr durch die „Belagerung" offensichtlich die Pläne durchkreuzt, denn von entspanntem Verhalten war keine Spur mehr.

> **Die Gefühlswelt von Katzen** ist sehr komplex, und man sollte ihnen zugestehen, auch mal schlechte Laune zu haben. Dass nicht jedes unserer Tiere gut mit Frustrationen umgehen kann, liegt in den Genen. Stoische Ruhe, Gleichmut und Unverdrossenheit lassen sich nämlich nur bedingt erlernen.

➡ Aus dem Weg!

Zügigen Schrittes macht sie sich auf den Rück-
weg – irgendetwas hat sie erheblich verstimmt.
Kein freundlich getragener Schwanz, keine aufmerksam gespitzten Ohren, keine strahlenden
Augen. Minkas Körpersprache zeigt stattdessen
immer klarer ihre Gereiztheit und ihre Verärge-
rung: „Mach mich jetzt bloß nicht an!" Lassen
wir sie für heute lieber in Ruhe, damit sie sich
entspannt.

➡ Was der Schwanz sagt

Der Schwanz, an der Wurzel gestreckt, knickt
abrupt fast senkrecht nach unten ab – genannt
Lämmerschwanz –, ist ein Anzeichen dafür,
dass sich die Katze in einer Konfliktsituation
befindet. Bildlich gesprochen: vorn interessiert,
hinten verunsichert. Beginnt seine Schwanzspitze zu zucken und hebt das Tier die Hinterhand an, heißt das nichts Gutes.

➡ Vorsicht, Kratzbürste!

Defensivstimmung: Tina versucht sich zu
verdrücken – leicht geduckt und mit etwas
gesenkten Augenlidern, die Ohren immer
deutlicher an den Kopf, die Schnurrhaare an die
Wangen angelegt (so wirkt der Schädel schmal,
spitz und harmlos), bewegt sie sich verhaltenen
Schrittes über die Wiese. Dem Widersacher nur
ja nicht in die Augen schauen, denn das könnte
ihn reizen.

VERSTEHST DU MICH?

Nicht nur die Unkenntnis, was Katzen uns zu sagen haben, führt zu Missverständnissen, auch die Vermenschlichung kann Anlass dazu geben. Gewisse Eigenschaften in ihnen zu entdecken, die einem bekannt vorkommen, ist kein Frevel. Katzen können wütend sein, sich auf ihren Menschen freuen, ihn lieben und um ihn trauern, doch sie bleiben Tiere.

 Herzlich willkommen

Katzen, die von klein auf an den Umgang mit Fremden gewöhnt sind, warten meist mit Spannung darauf, wer kommt, sobald es an der Tür klingelt. Bekannten Besuch erkennen sie sofort an der Stimme. Selbst bestimmte Fahrzeuge können Katzen voneinander unterscheiden und springen auf die Fensterbank, wenn ein vertrautes Motorengeräusch ertönt. Nicht selten setzen sie sich schon einige Zeit vorher dorthin, um den Heimkehrer rechtzeitig zu empfangen.

 Was spielen wir?

Trotz der Gesellschaft von Artgenossen sind Katzen zum Spielen aufgelegt, wenn ihr Mensch nach längerer Abwesenheit endlich wieder zu Hause ist. Futter einfordern steht zwar meistens an erster Stelle, danach deutet ihre gespannte Aufmerksamkeit darauf hin, dass nun Action angesagt ist. Wichtig: Jedes Einzeltier braucht Ansprache, will entsprechend umsorgt sein und als Individuum respektiert werden, um glücklich und ausgeglichen zu sein.

⬆ Mach mal Pause!

Um die Gunst des Menschen wetteifern, sich gegenseitig ausstechen: Auch das tun Katzen. Es liegt an uns, darauf zu achten, dass sich keine unserer Miezen in den Vordergrund spielt, andere Gruppenmitglieder schikaniert oder womöglich eines so lange mobbt, bis es sich resigniert zurückzieht. Natürlich lieben die Youngsters rasante Tobespiele, die uns fordern, nur, um die älteren oder die Katzen, die sich ohnehin eher bedeckt halten, müssen wir uns täglich genauso kümmern. Nur so lässt sich die Harmonie in der Gruppe sicherstellen.

➡ Du störst!

Selbst wenn Katzen (je nach Charakter) in der Lage sind, uns mehr oder weniger hingebungsvolle Zuneigung entgegenzubringen, so ist es sicher nur in Einzelfällen auch bedingungslose Liebe. Viele der kleinen Katzenpersönlichkeiten haben nebenbei ihren eigenen Kopf, was sie uns auch klarmachen. Katzen sind eben keine Hunde – und das ist gut so.

KLEINES UNTERHALTUNGS-PROGRAMM

Zwei junge Kätzchen aus einem Wurf aufzunehmen, ist unbestritten die beste Wahl. Man kennt sich, man versteht sich, und: Man kann wunderbar miteinander spielen und zusammen die Welt erobern. Unter Gleichaltrigen gibt es kaum kräftemäßige Unterschiede, sodass wenig Unstimmigkeiten zu befürchten sind.

 ## Fliegende Mäuse

Was sich bewegt, ist doppelt interessant. Wenn es zudem Geräusche macht, umso besser. Der kleine Kater trainiert konzentriert den gezielten Pfoteneinsatz: „Gleich hab ich dich!" Immer wieder wiederholt er es – und immer wieder ein wenig abgewandelt. Mal umgreift er die Beute enger, mal ist die Pfote flach. Mal haut er kräftig zu, mal sanfter. Dass seine neugierige Schwester auch mitmachen will, kümmert ihn nicht.

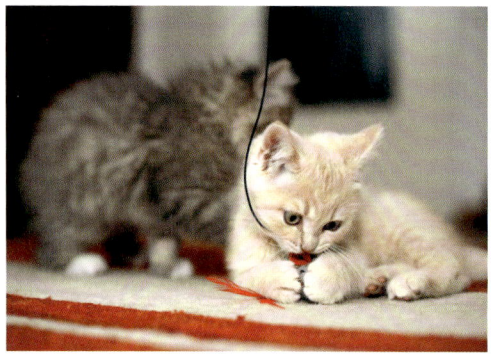

 ## Junge Talente

„Hab dich!" Wie bei kleinen Kindern, so ist es auch bei Kitten: Alles muss zum Testen in den Mund genommen werden. Gerade im Maulbereich besitzen Katzen sensible Tastrezeptoren, die ihnen helfen, ihre Beute gründlich zu sondieren. Diese Fähigkeit zeitig zu trainieren, lohnt sich, weil der Beutefang damit erheblich erfolgreicher wird.

➡ Naseweis

Alles ist spannend, einfach alles. Katzenkinder
können gar nicht genug Erfahrungen sammeln.
Die Möglichkeit dafür zu schaffen, ist unsere
Aufgabe. Selbst wenn ihre Anstrengungen einmal nicht von Erfolg gekrönt sind, ist das kein
Beinbruch. Auch damit müssen die kleinen Feliden lernen umzugehen. Denn nur das spornt
sie an, neue Strategien zur Problemlösung zu
entwickeln und auszuprobieren.

⬇ Living in the box

Darin dösen? Doch nicht der freche Rote.
Er hat schon die nächste Spieloase im Vi-
sier ... Vielleicht einen weiteren Artgenossen,
mit dem man ein wenig catchen kann? Neben
dem spielerischen Umgang mit potenzieller
Jagdbeute ist für eine gesunde Entwicklung
das rechtzeitige Training angepassten Sozial-
verhaltens unabdingbar.

LANGEWEILE, NEIN DANKE!

Das Gefühl von Langeweile und Einsamkeit, das oft mit depressivem oder destruktivem Verhalten einhergeht, kennen wohl nur Wohnungskatzen, die viele Stunden allein zu Hause verbringen müssen. Tiere in freier Natur sind mit Jagen beschäftigt und werden ständig mit neuen Eindrücken konfrontiert, an denen sie ihre Neugier stillen können.

➡ Angelspiele

Spielen erhält die Fitness, körperlich wie geistig, bei Jung und bei Alt. Aber gerade Pfötchennass-Machen, um nach lustig schaukelndem Spielzeug zu fischen? Nicht jede Katze mag das. Diejenigen, die es mögen, können sich stundenlang mit Planschen und Grapschen beschäftigen. Es macht Spaß zuzuschauen, wie sie eifrig versuchen, die davonflutschenden Gummiblüten zu fangen – bis sie schließlich ihre Krallen ausklappen, um sie geschickt zu angeln.

➡ Hereinspaziert!

So kann sie kommen und gehen, wann immer sie möchte – auf einen mit Katzennetz gesicherten Balkon ebenso wie in ein Freigehege oder in den Garten, Feld und Wald. Die dort lauernden Gefahren sollten ins Auge gefasst und dann erst darüber entschieden werden, ob Freigang wirklich sinnvoll ist. In dicht besiedelten Gebieten mit viel Straßenverkehr ist es besser, drinnen für genügend Abwechslung zu sorgen, statt die Katzen diesem Risiko auszusetzen.

 ## Ganz schön kniffelig

An interaktiven Spielzeugen wie diesem hier können Katzen nicht nur ihre mentale Fitness und Geschicklichkeit trainieren (immerhin gilt es aus den Höhlungen ein Leckerchen herauszufingern), sondern auch ihren duften Riecher. Wo lohnt es sich überhaupt, eine Kugel wegzurollen? Nicht unter jeder ist eine Belohnung versteckt.

 ## Zimmer mit Aussicht

Katzen nehmen sogar dann gern am Fenster Platz, um zu schauen, was sich tut, wenn sie alternativ nach draußen könnten, vor allem bei Schmuddelwetter. Es gilt allerdings ein Auge darauf zu haben, ob sie womöglich aus Furcht so handeln, weil sie draußen von Artgenossen tyrannisiert werden.

Katzen sind Meister im Lernen durch Beobachten. Erst mal schauen, wie andere die Aufgabe angehen, um danach selbst noch schneller Erfolg zu haben. Ganz schön pfiffig!

BEGEGNUNGEN MIT ANDEREN ARTEN

Wer raus darf, muss sich dort auch täglich bewähren. Katzen haben damit nur selten Probleme, denn sie können nicht nur gut beobachten und zuordnen, sie sind auch sehr anpassungsfähig. Im Umgang mit Hunden zeigen sich oft die spannendsten Interaktionen. Mit vielen anderen Tierarten sind Katzen auch in der Lage, freundschaftlich umzugehen und Vertrautheiten auszutauschen.

⬇ Bleib doch stehen!

Selbst Hunde gestatten viele Miezen eine (wenn auch nur kurze) geruchliche Kontrolle ihres Analbereichs. Immerhin interessiert auch die, was dort zu lesen ist. Doch wie wir fangen Hunde nichts mit den katzeneigenen Pheromondüften an. Sie riechen nur die leicht flüchtigen Duftstoffe, die von der eigentlichen Harn- und Kotabgabe stammen.

⬇ Da gibt's a Watschen ...

... eher nicht. Sehen Sie das Schwänzchen? Die sanfte Berührung mit der Pfote und den Vibrissen? Katzen, die sich von Hunden in die Enge getrieben fühlen und sich fürchten, wehren sich durchaus mit Pfotenhieben. Zuvor warnen sie mit einschüchternder Mimik und drohender Körperhaltung, außerdem mit einem lauten Spektakel aus Knurren, Spucken und Fauchen.

 ## Nasser Kuss

Mein Duft, dein Duft, unser Duft: Mit Köpf-chengeben, sogar mit Lecken zeigen Katzen vertrauten Hunden ihre Zuneigung und ihr Wohlbefinden. Im Foto geht die Initiative vom Dackel aus, der das Kitten unbekümmert in die Sitten einführt. Noch scheint es dem Katzenbaby nicht geheuer, doch es wird er-kennen, dass keine Gefahr droht, und diese Freundschaftsgeste bald erwidern. Da einzelne Körpersignale wie heftiges Schwanzwedeln oder Die-Tatze-Erheben bei Hunden und Katzen genau Gegenteiliges mitteilen, kommen Missverständnisse schon mal vor – zumindest, solange man sich nicht kennt. Da beide gute Beobachter sind, begreifen beide Tiere schnell, was gemeint ist.

 ## Ungleiche Sprinter

Auch wenn Katz und Hund nicht immer die gleiche Sprache sprechen, lernen sie, die des anderen zu verstehen, vor allem, wenn sie von klein auf zusammenleben. Geradezu rührende artübergreifende Freundschaften können dabei entstehen. Da werden nicht nur Futter und Schlafplatz geteilt. Nicht wenige Miezen lieben es, Gassi zu gehen, und begleiten das Rudel ein Stück.

KATZEN-
KINDER

Kätzchen können sich an die unterschiedlichsten
Umgebungen und Lebensbedingungen anpassen,
und sie nehmen die verschiedenen Umstände,
mit denen sie sich zurechtfinden müssen, wie
selbstverständlich hin. Wir sollten diese Flexibilität
jedoch nicht überstrapazieren und nie vergessen,
dass sie kleine Raubtiere sind.

WENN DER KATER MIT DER KATZE

Zarte Gurr-, Zwitscher- oder Trillerlaute senden nicht nur Katzenmütter aus, wenn sie zu ihren Jungen zurückkehren oder die Kleinen zu sich locken, auch potente Kater machen rolligen Kätzinnen gern mit galantem Smalltalk den Hof. Die Umworbenen antworten meist auf gleiche Weise. Stundenlang kann sich das Liebesgeflüster hinziehen, um die Lust des anderen zu steigern.

 **Rollig!**

Kommt eine Kätzin in Paarungsstimmung streift sie mehr und weiter umher als sonst, markiert ihr Revier verstärkt mit Sprühharnen und Köpfchenreiben und verlangt schließlich ununterbrochen sehnsuchtsvoll maunzend nach einem Kater. Ist dieser zur Stelle, wird er in der Regel erst einmal angefaucht und es setzt Tatzenhiebe. Danach wird die Mieze umgänglicher und windet sich ansprechend. Lockend reibt sie Bauch, Kinn und Köpfchen über den Untergrund und wirft sich wie ein Fisch auf dem Trockenen auf dem Boden hin und her. Sie schnurrt jetzt häufig und streckt sich.

Selbst das jodelnd grollende Katergetöse ist nicht allein dazu da, um Widersacher einzuschüchtern. Kätzinnen, die derart „angesungen" werden, steigern ihr Partnersuchverhalten und zeigen deutlich stärkere Rolligkeitsanzeichen als Weibchen, denen diese stimulierenden „Liebeswerbungen" fehlen.

 ## Komm zur Sache

Durch das Hin- und Herrollen, so nimmt man an, werden neben dem optischen Reiz anregende Pheromondüfte verteilt, ebenso wie mit dem Schwanz-Seitwärtslegen. Lockend bewegt sich die Katze vom Kater weg, der ihr flehmend und bedächtigen Schrittes folgt. Schließlich hält sie inne. Rhythmisch mit den Hinterbeinen tretelnd biegt sie den Rücken durch und kippt ihr Becken nach oben: Die Paarung ist gestattet.

 ## Kurzer Prozess

Das lässt sich kein Kater zweimal sagen, steigt auf, packt die Katze im Nacken und kopuliert. Der eigentliche Deckakt dauert nur ein paar Sekunden. Da ein Katerpenis an der Eichel mit Widerhäkchen besetzt ist, die zwar ein schmerzloses Eindringen in die Scheide, nicht jedoch das Zurückziehen ermöglichen, wundert es nicht, dass die Kätzin gegen Ende der Paarung aufschreit und meist fauchend nach dem Kater schlägt. Er weicht geschickt aus und versucht es bald wieder.

 ## Flexibilität macht Sinn

Bei zusammenlebenden Katzen läuft das Paarungsverhalten oft undramatischer ab, ohne Katergesänge und ohne das kokette Werbeverhalten des rolligen Weibchens. Die Kätzin wählt auch nicht unbedingt den aggressivsten Kater – vielleicht, weil Erbgut und Chemie des Stilleren besser passen?

WÄRME UND DUFT
WEISEN DEN WEG

Neugeborene Katzenwelpen sind zu erstaunlichen Sinnesleistungen fähig.
Ihr Gleichgewichtssinn ist bestens entwickelt, ebenso die Wahrnehmung
von Berührungen und Schmerz. Obwohl sie weder über ihre Gehörgänge
Schallimpulse wahrnehmen noch sehen können, finden sie den wärmenden
Bauch ihrer Mutter. Ihr Geruchsempfinden und die Wärmesinnesorgane
um Nase und Mäulchen herum weisen den Weg.

⬇ Bald ist es so weit

Ein guter Pflege- und Ernährungszustand
der werdenden Mutter ist es nicht allein, was
dem Nachwuchs zugute kommt. Neben guten
Erbanlagen (u. a. für Gesundheit und sicheres
Wesen) ist es nicht zuletzt die seelische Fürsorge wie etwa Bäuchleinkraulen, die eine Katze
während der Schwangerschaft durch ihren
Besitzer erfährt.

⬇ Milchbar

Nicht nur nahrhaft, auch lecker duftend, denn
an Mamas Bauch, direkt zwischen den Milch-
drüsen, gibt es kurz nach der Geburt einen für
die Kitten wunderbar beruhigenden Phero-
monduft, der für das gesunde Heranreifen der
Kleinen äußerst wichtig ist – das CAP = cat
appeasing pheromone, zu Deutsch: beruhigen-
der Botenstoff bei der Katze.

 Augen zu

Zum Schutz des empfindlichen Augapfels sind die Lider bei der Geburt noch miteinander verwachsen. Sie lösen sich zwischen dem 7. und 9. Lebenstag. Zunächst sehen die Kätzchen verschwommen. Auch farbig sehen (es sind vor allem die Blautöne) können die Kitten jetzt noch nicht. Ebenso prägt sich das bei Katzen sehr gute räumliche Sehvermögen erst in den nächsten Lebenswochen aus, weshalb die korrekte Einschätzung von Tiefe in der ersten Zeit manchmal missglückt. Die eindrucksvollen Schnurrbarthaare helfen jedoch bei der Orientierung.

So müde!

Die täglich neu einströmenden Sinneseindrücke gilt es zu verarbeiten. Das geht am besten im Schlaf. Katzenbabys müssen sehr viel schlafen, jedoch nicht nur, um Erlebtes zu bewältigen, sondern auch, um sich auszuruhen und um zu wachsen. Während des Schlafs werden nämlich besonders viele Wachstumshormone produziert, die dafür nötig sind.

Schon bei der Geburt sind die besonders sensiblen Vibrissen und sämtliche anderen Tasthaare der Katze, wie die an den Wangen, um die Augen herum und oberhalb der Pfoten, voll funktionsfähig. Sie nehmen Berührungsreize wahr, können aber auch völlig berührungsfrei beispielsweise Hindernisse registrieren (sogenannte Vibrationsmesser).

MAMA WIRD GEBRAUCHT

Das Lern- und Erkundungsverhalten kleiner Katzen ist davon abhängig, was ihnen die Umwelt an Reizen bietet. Je interessanter und abwechslungsreicher das Umfeld, umso besser ist es für die Reifung und das Training ihrer sensorischen und motorischen Fähigkeiten. Sie entwickeln sich zu kleinen Persönlichkeiten und erlangen Sozialkompetenz, indem sie häufig Kontakt zu vielen friedfertigen Artgenossen bekommen.

➡ Huch! Ganz schön unheimlich!

Den „Mausruf" kennt das Kitten schon. Da eilt es schnell herbei. Aber heute klingt Mamas Rufen fremd. Was für ein großes Tier sie da anschleppt! Aber sie faucht nicht, was bedeutet: „Pass auf, das ist gefährlich!" Auch kein zurechtweisendes Grummeln ist zu vernehmen. Nun, wer nicht wagt, der nicht gewinnt. Ihr beruhigendes Schnurren hilft schließlich über das Angstgefühl hinweg.

➡ Mama?

Zuschauen, wie die Mama es macht, macht Mut, es selbst auszuprobieren. Sogar Futterpräferenzen bei den Kätzchen, die ein Leben lang anhalten, entwickeln sich auf diese Weise. Allein die Anwesenheit der Kätzin am Futternapf genügt, um ihren Kindern die Scheu vor Neuem zu nehmen. Vermutlich sind bereits Geruchseinflüsse während der Säugezeit für die Nahrungsprägung von Belang.

 ## Hungrige Abenteurer

Katzenmütter kümmern sich rührend um ihre Kleinen – auch wenn diese schon etwas älter sind. Das Sauberlecken des Fells gehört mit zu den wichtigsten Aufgaben. In den ersten Lebenstagen leckt die Mutter die Kleinen auffallend häufig im Analbereich, was diese dazu anregt, Harn und Kot abzugeben. Ohne diese Unterstützung wären die Babys in diesem Alter nicht dazu in der Lage

 ## Guck mal, wie groß ich bin!

Für das friedvolle Zusammenleben ist ihre rechtzeitige Sozialisation von großer Bedeutung. Soziale Bindungen lassen sich am besten und dauerhaftesten innerhalb der ersten zehn Wochen knüpfen. Leben die Kätzchen während dieser sensiblen Phase mit Wurfgeschwistern und/oder freundlichen Erwachsenen zusammen, haben sie zeitlebens eine höhere Sozialkompetenz. Auch die Fürsorge der Mutter bleibt nicht ohne Effekte: Je intensiver sie sich um ihren Nachwuchs kümmert, umso stressresistenter, geselliger und gesünder ist dieser.

Ab der dritten Lebenswoche wird ein Kitten besonders empfänglich für andere Lebewesen (Mensch und Tier). Doch nur durch den Kontakt mit ihresgleichen lernen sie die eigene Identität kennen.

GANZ SCHÖN NEUGIERIG

Ab dem fünften Lebenstag nimmt das Gehör seine Funktion auf und die Katzenkinder beginnen, auf Geräusche zu reagieren. Jetzt wird das Leben richtig spannend. Noch liegen die kleinen Ohren dicht am Kopf und die Gehörgänge sind eng. Das ändert sich während der zweiten Woche, wenn sich alles streckt und weitet und die Ohrmuscheln täglich größere Beweglichkeit erlangen.

 ## Auf Entdeckerpfoten

Sobald die kleinen Beine sicher tragen, nehmen die Kätzchen all ihren Mut zusammen und erkunden ihre direkte Umgebung. Wenn Mama zuschaut, zeigt man sich besonders mutig. Mal geht es vorsichtig und geduckt voran, ein anderes Mal schreitet Mieze mit fröhlich grüßendem Schwänzchen stolz daher: „Seht her, das trau ich mich schon." Unbefangen schauen die Kleinen sich um, betasten alles mit den Pfoten, zeigen angesichts eines nahenden Artgenossen ebenso wie beim Anblick von etwas Interessantem das kittentypische Seitwärtshüpfen, das Übermut und ein wenig Unsicherheit bedeutet. Immer öfter imitieren sie jetzt das Verhalten ihrer Mutter. Stoßen sie unvermittelt auf Duftmarken von Artgenossen, versuchen sie zu flehmen. Auch zeigen die Minis schon Drohverhalten mit gekrümmtem Rücken, und sie sträuben das Fell am ganzen Körper, sollte es ihnen zu unbehaglich werden.

 Mutig sein

Doch lange bleibt es nicht verborgen. Die Neugier treibt das Kitten bald aus seinem Versteck. Mit den feinen Tastrezeptoren an den Sohlen, zwischen den Zehen und an der Basis der Krallen und mit seinem bemerkenswerten Talent, Balance zu halten, ist der Spurt über einen dicken Ast selbst in diesem Alter ein Kinderspiel.

 Angepirscht

So ein Ausflug über die Wiese ist eine Schulung für alle Sinne. Das räumliche Sehen gelingt immer besser und damit die Einschätzung von Entfernungen. Auch die Ohren sind jetzt in der Lage, feinste Geräusche wahrzunehmen, zu orten und exakt zu unterscheiden. Sogar unabhängig voneinander können die Kätzchen ihre Ohrmuscheln nun schon steuern und bewegen – dies nicht zuletzt auch, um ihre Stimmungen auszudrücken.

 ... und abgetaucht

Solch eine Unternehmung ganz ohne die Mama birgt Gefahren für den Dreikäsehoch. Doch er weiß instinktiv, wann es gilt, in Deckung zu gehen, um nicht etwa von einem Greifvogel entdeckt zu werden. Nur gut, dass er sich auf seiner Erkundungstour das Gelände eingeprägt hat und nun weiß, wohin man rasch verduften kann.

NEUES ÜBERALL

Das Leben zu erfahren bedeutet für eine kleine Katze ein Wechselbad von Gefühlen. Schon im Nest beginnt der Lernprozess, Frustration und Misserfolg zu bewältigen, wenn ihr das Nuckeln untersagt wird oder sie ein Fauchen erntet, weil Grenzen überschritten wurden. Überall gibt es optische und akustische Eindrücke, die beängstigend wirken, überall Unbekanntes, das ein Kitten noch nicht einzuschätzen weiß.

⬆ Klettermaxe

Hat das Kätzchen beim Aufstieg sein Können überschätzt, kann ihm das schon mal einen gehörigen Schreck einjagen. Die zarte Muskulatur und die kleinen Pfötchen mit den recht weichen Krallen bieten noch wenig Halt, und der Stellreflex, mit dessen Hilfe sich eine Katze beim Fallen in die Tiefe blitzschnell um die eigene Achse drehen und die Beine der Schwerkraft folgend nach unten ausstrecken kann, prägt sich erst gegen Ende der sechsten Lebenswoche aus. Doch die Mieze weiß sich mit einem Klimmzug zu helfen und schafft es. Peinlich ist ihr der Lapsus aber schon, weswegen sie sich irritiert zu putzen beginnt, ihre Pfötchen ausschüttelt und danach würdevoll davonstakt.

▶ Geste der Vertrautheit

Köpfchengeben beim Menschen: ein wunderbarer Liebesbeweis. Schon die Kleinsten üben sich darin. Da bei Hauskatzen die Sozialisierungsphase deutlich länger dauert als bei Wildkatzen, haben wir die einmalige Gelegenheit, sie mit Bedacht an alles Neue heranzuführen, auch an den Umgang mit uns Menschen. Das tägliche Knuddelprogramm ist somit ein Muss. Es sollten sich unbedingt mehrere Personen um das Katzenkind kümmern, damit es sich nicht auf eine bestimmte Person fixiert.

▶ Was fehlt dir?

Sobald die Kätzchen gut hören können, reagieren sie nicht nur sofort und besonders intensiv auf Laute von Artgenossen. Sie selbst machen nun – bisweilen recht vehement – auch von ihrer eigenen Stimme Gebrauch. Grundlos tun sie dies nicht, weshalb man der Ursache schleunigst auf den Grund gehen sollte, um das Leid in Grenzen zu halten. Denn nur moderate Negativerfahrungen sind für die Entwicklung von Körper und Geist wirklich nützlich.

Aus Fehl- oder Mangelernährung des Muttertiers während der Trächtigkeit und Säugezeit (meist ist es ein zu geringer Eiweißgehalt des Futters) können gravierende motorische Störungen beim Nachwuchs folgen, etwa beim Balancieren.

DIE WELT EROBERN

Je mehr wir den geistigen und körperlichen Bedürfnissen der kleinen
Katzen Rechnung tragen und sie mit Herausforderungen konfrontieren,
umso abwechslungsreicher, spannender und ausgefüllter ist ihr Leben.
Schon die Kleinen brauchen täglich neue Anregungen, damit sie sich
gesund entwickeln können – zum Beispiel Spiele und Beschäftigungsmög-
lichkeiten, die den Jagdinstinkt befriedigen und die Muskeln trainieren.

 Balkonien

Ein Freigehege oder ein rundum mit einem
stabilen Katzenschutznetz ausgestatteter
Balkon kann gerade für junge Kätzchen zu einer
wundervollen Abenteuerlandschaft werden, in
der Umweltreize fürs gesunde Heranwachsen
im Überfluss vorhanden sind. Auf erhöht
angebrachten Sitz- und Liegeplätzen lässt sich
die Aussicht genießen, können die Miezen
Vögel beobachten und das Leben ringsum.
Sich bei Bedarf in eine kuschelige Höhle oder
einen schattigen Winkel zurückziehen, und
wenn einen die Spiellaune überkommt,
Fellmäusen hinterherjagen oder am Federspiel
Zuhauen trainieren: Das gefällt ihnen. Wenn
dann noch ein Blumenkasten, bepflanzt mit
Katzengras, oder einige Pflanzkübel mit
ungiftigem Grünfutter, ein Katzenklo und ein
robuster, witterungsbeständiger Outdoorkratz-
baum vorhanden sind, wird ein solcher Außen-
bereich zum Freiluftparadies.

 ## Mann, ist mir mulmig!

Auf halber Strecke kommt dann doch die Angst, das Kätzchen zeigt es sehr deutlich. Die geduckte Körperhaltung mit dem nach unten weisenden Schwanz, die weit nach hinten gezogenen und eng an den Kopf angelegten Ohren, die enge Mundspalte, die leicht gesenkten Lider, das gesträubte Fell: Alles signalisiert Furcht. Doch es kommt sicher an.

 ## Ganz schön hoch

Nicht nur kleine Katzen finden Unternehmungen spannend, zum Beispiel auf der Brüstung spazieren zu gehen. Hinauf geht es gewöhnlich leichter als hinunter. Der Abstieg ist ein Kapitel für sich, denn kopfüber klappt es meist nicht, und Rückwärtsklettern will gelernt sein. Aber Übung macht bekanntlich den Meister. Das Somalikitten ist noch am Grübeln, welche Lösung sich anbietet.

 ## Forsch voran

Es entscheidet sich für die Flucht nach vorn, über die Bepflanzung hinweg, den langen schmalen Steg entlang – direkt in die Arme der Besitzerin. Forschen Schrittes und mit entspannter Körperhaltung, die Ohren gespitzt, die Vibrissen sichernd nach vorn gekippt, eilt es konzentriert und zielstrebig in diese Richtung. Wäre die Brüstung nur nicht so hoch: „Bloß nicht nach unten gucken!"

SOLITÄRSPIEL

Man kann allein spielen oder mit anderen. Das Beutefangspiel und Greiftraining zeigt sich früh. Konzentriert üben schon die Kleinsten den zielgerichteten Pfoteneinsatz mit Ausholen und Zuschlagen. Typisch für solche Jagdspiele junger Katzen ist die häufige Wiederholung der Einzelschritte einer Gesamthandlung. So prägt es sich besser ein.

 **Flotte Biene**

Beschäftigung ist das A und O für ein aufregendes Katzenleben. Bei Fangspielen kommt das Kätzchen erst so richtig in Fahrt, wenn die „Beute" lebt, wenn sie sich bewegt, hin und her huscht und bestenfalls noch Töne von sich gibt.

⬆ **Komm in meinen Korb**

Nicht nur Kitten, alle Katzen fasziniert es, sich selbst zu beschäftigen und einem Spielzeug Leben einzuhauchen, um es dann verfolgen, jagen und fangen zu können – am schönsten ist das mit Überraschungseffekt aus dem Hinterhalt.

➡ Katzen-Billard

Was man mit diesen Kugeln nicht alles anstellen kann! Katzen erstaunen uns immer wieder durch ihren Einfallsreichtum. Rollt so ein Holzball beim Fingern nach den versteckten Leckerli durch Zufall einmal übers Brett hinaus auf den Boden, unternehmen Katzen nicht selten gezielte Anstrengungen, um den nächsten hinterherzuschießen.

Aqua-Fitness

Das fordert die Tastsinnesorgane im Pfotenbereich, zudem kann die Mieze hier bestens den Kralleneinsatz proben, um das lustige Spielzeug zu angeln. Und Katzen beweisen sich bekanntlich durch Ausdauer. Geschicklichkeitsspiele, bei denen durch schnelle Bewegungen des „Opfers" ihr Jagdeifer geweckt wird, wirken am faszinierendsten. Im Wasserbassin kommt die Beute kaum zum Stillstand.

Tüten-Verstecke

Sich in Tüten und Kartons zu verstecken oder dort nach verstecktem Fressbarem zu forschen, das macht Katzen großen Spaß, und sie werden bei ihren Bemühungen nicht müde. Auch in leeren Küchenpapierrollen und Ähnlichem fingern sie gern herum, um sich etwas Leckeres herauszuangeln. Da beweisen die Samtpfoten natürlicherweise ungeheures Geschick und große Fingerfertigkeit.

SOZIALSPIEL

Mit den Wurfgeschwistern zu spielen, ist noch aufregender – und von großer Bedeutung. Im Sozialspiel werden Verhaltensweisen eingeübt, die aus den Bereichen Beutefang, Kampf und Fortpflanzung stammen. In diesen Taktiken beizeiten bewandert zu sein, scheint für das Überleben so wichtig zu sein, dass Mütter von Einzelkindern den Part übernehmen, damit ihr Kleines genug Übung bekommt.

 Kräftemessen

Spielerisch lernen, wie man sich verhalten muss, um erfolgreich zu sein: Was kann man und was darf man? Das Training der Muskeln und der motorischen Fertigkeiten ist jedoch nicht alles. Nicht selten führt ein geschicktes taktisches Manöver schneller zum Ziel als schiere Kraft. Und so formt sich beim Balgen auch die Persönlichkeit.

 Kippt das Spiel?

Freundschaftlich motivierte Spielaktivitäten können rasch sehr derb werden und in echte Keilereien ausarten: mit Ohrfeigen-Verteilen, wütendem Fauchen und Fellbüschel-Ausrupfen. Die kleinen Stubentiger scheinen solche Vorkommnisse allerdings weitaus gelassener zu sehen als wir. Denn selbst nach einem so heftigen Intermezzo trennt man sich einfach wieder, ohne sich das Ganze gegenseitig krummzunehmen.

Verfolgung

Katzen lieben schnelle Bewegungen mit abrupten Richtungswechseln, auch beim Spiel mit Artgenossen oder Menschen. Mamas zuckender Schwanz löst schon bei den Allerkleinsten entzückte Hüpforgien aus, um ihn zu fangen und darauf herumzukauen. Und so gehört zum unterhaltsamen Spiel auch das Vor-dem-anderen-Weglaufen und Sich-Einholen-Lassen. Aber bitte mit anschließendem Rollentausch.

 ## Gerangel unter Freunden

Spielen fördert die sozialen Fähigkeiten ebenso wie die kämpferischen. Kräftemessen, wilde Verfolgungsjagden und ein wahres Schauspiel an mimischen und gestischen Verrenkungen: Das ist Kittenspiel. Die kleinen Kater scheinen wohl etwas energischer vorzugehen als ihre Schwestern. Auch sollen weibliche Kätzchen untereinander andere Spielstrategien anwenden,

Zwischen Katern eines Wurfes bildet sich im Alter von rund acht Monaten eine Rangordnung aus, die offensichtlich nicht von der Stärke, sondern von der Persönlichkeit der Tiere abhängt.

als wenn sie einem männlichen Sparringpartner gegenüberstehen. In gemischten Würfen lässt sich offensichtlich am besten fürs Leben lernen.

FLAUSEN IM KOPF

Erfahren, was erlaubt und was machbar ist: Wieso sollten Katzenkinder da anders sein als andere Youngsters? Die kleinen neugierigen Leisetreter müssen einfach an Grenzen stoßen, an seelische wie an körperliche, um sich und ihr Umfeld einschätzen zu lernen und um erwachsen zu werden.

Katzenfußball

Nichts ist vor den frechen Katzenkindern sicher. Wie selbstverständlich bewegen sie sich in der „dritten Dimension". Leichtfüßig und sicheren Schrittes schlendern bereits die Kleinsten inmitten unseres Nippes hin und her, hoch oben auf dem Bücherregal – ihrem guten Gleichgewichtsempfinden und einem Körper voller Tastrezeptoren sei es geschuldet. Dennoch können auch hier Gefahren lauern, die es vor ihrem Einzug zumindest zu entschärfen, besser noch zu beseitigen gilt.

Blattsalat

In einem unbeaufsichtigten Moment den Aufstieg geschafft, um einmal auszuprobieren, wie die grüne Deko auf der Zunge liegt. Das kann gut ausgehen oder auch nicht. Wir Katzenhalter müssen dafür sorgen, dass unseren tierischen Begleitern nichts zustößt und dass sie all das bekommen, was sie für ihr Wohlbefinden brauchen. Stichwort Katzengras: Leicht können Sie es auf der Fensterbank selbst ziehen, zur Freude Ihres Stubentigers.

● Steiler Aufstieg

Sie probieren es überall, an Leblosem, bei ihresgleichen und bei uns. Solange wir nicht „Nein!" sagen, werden sie es weiter tun. Nur heißt es zu bedenken, dass Katzen schnell wachsen, recht schwer werden und mit nadelspitzen scharfen Krallen ausgestattet sind. Glücklicherweise sind sie sehr lern- und wissbegierig, gerade in ihren ersten Lebensmonaten. Warum diese wertvolle Zeit verstreichen lassen, ohne ihnen liebevoll konsequent klarzumachen, was wir auf unserer Haut und unserer Kleidung bereit sind zu ertragen? Haben sich bestimmte unerwünschte Verhaltensweisen erst gefestigt, wird das Abgewöhnen schwieriger.

● Was sich bewegt, begeistert

Alle Sinne sind auf die „Beute" konzentriert. Sobald diese stillhält, rückt das Kätzchen auf, um sich dann hopsend daraufzustürzen. Das ist lustig. Doch so schön es für das Katzenkind ist, spielerisch die Welt kennenzulernen, dieser Altkatze geht das Getobe allmählich auf die Nerven. Ihr Gesichtsausdruck verrät, was sie dem Kleinen mitgeteilt hat: „Mach dich vom Acker, sonst setzt es was!" Auch diese Lektion ist eine wichtige Erfahrung.

Mag dicker Baumwoll- oder Leinenstoff den Schmerz erträglicher machen, Katzen analysieren vor einem Aufstieg an unseren Extremitäten nie, ob sie durch Kleidung geschützt sind oder nackt.

MANIEREN LERNEN

Katzen lassen sich nicht erziehen? Stimmt nicht. Zwar kann man mit ihnen nicht umgehen wie mit Hunden, doch lernen auch Katzen durch Verknüpfen bestimmte Regeln – Konsequenz vorausgesetzt. Wird ein gewünschtes Verhalten durch unsere positive Reaktion belohnt, wiederholen sie es. Eine Verhaltensweise, die ignoriert wird oder eine negative Reaktion zur Folge hat, wird seltener gezeigt und verliert sich im Idealfall ganz.

➤ Gelegenheit macht Diebe

Freigänger gehen alle zwei bis drei Stunden auf Nahrungssuche. Auch Stubentiger zeigen diesen Beutefangmodus. Wenn dann so ein Leckerbissen einlädt … Entweder verschließt man Verlockendes katzensicher oder provoziert den Diebstahl, um die Katze – noch bevor sie zur Tat schreitet – mit ein paar Spritzern aus dem Wasserzerstäuber von ihrem Vorhaben abzubringen.

➤ Katze auf dem Tisch?

Möchte man nicht, dass die Katze auf der gedeckten Kaffeetafel herumstromert, ist es wichtig, sie jedes Mal und konsequent vom Tisch zu schicken. Kann die Katze nicht beaufsichtigt werden, sollte die Tür zum Zimmer mit dem gedeckten Kaffeetisch verschlossen gehalten werden. So lässt sich auch verhindern, dass ein Katzenkumpel sich die Unsitte abschaut und man das Dilemma im Doppelpack hat.

➡ Auf frischer Tat ertappt

Wie aber einer Katze das „Nein, so nicht, sondern lieber so!" verklickern? Die Stimme ist meist nicht eindeutig genug. Erstaunlich gut gelingt es auch bei ihr mit dem Clicker, also mit gezielten Klicklauten als Mittel der Belohnung. Und so funktioniert es: (Bedingung ist, dass die Katze den Klick als Belohnung kennenlernt. Dies übt man vorab, indem man ihr mehrfach ein Leckerli gibt, jeweils unmittelbar gefolgt von einem Klickgeräusch.) Macht die Miez etwas richtig, wird sie mit einem Klick belohnt. Macht sie etwas falsch, ignoriert man es, trainiert mit ihr jedoch ein Ersatzverhalten, das nun sofort mit einem Klick belohnt wird. Wird der Tisch gedeckt und die Katze legt sich auf den Stuhl, wird geklickt und sie bekommt ein Leckerchen. Springt sie auf die Kaffeetafel, bekommt sie selbstverständlich nichts. Mit dieser Art von Verknüpfung lässt sich nicht nur Verhalten fördern, ebenso gut kann man damit Unarten abgewöhnen.

⬅ Mein Sofa

Ein geeigneter Kratzbaum muss her, damit die Katze dort ihrem Markier- und Kratzverlangen nachkommen kann. Extrakte aus den Gesichtsdrüsen der Tiere (die synthetisch hergestellt im Zerstäuber verfügbar sind) helfen, diese natürlichen Verhaltensweisen schnell umzulenken, denn Katzen vermeiden es meist, sich an den bereits besprühten Örtlichkeiten zu verewigen.

SERVICE

Sie suchen einen bestimmten Begriff zum
schnellen Nachschlagen? Oder Sie wollen noch
mehr über Katzenhaltung und Verhalten wissen?
Im Serviceteil finden Sie unter der Rubrik
„Zum Weiterlesen" ergänzende Literatur, das
Register weist Ihnen schnell den Weg zur richtigen
Seite und die „Nützlichen Adressen" runden den
Serviceteil ab.

ZUM WEITERLESEN

Home, sweet home

Sie wollen noch mehr über Katzenhaltung wissen? Was Katzen wollen und brauchen, wie Sie gemeinsam gut durch den Alltag kommen und warum der Trend zur Zweitkatze führt, erfahren Sie hier:

Böttjer, Andrea: **Das Katzenbuch für Kids.** Kosmos 2020
Grimm, **Kätzchen.** Kosmos 2018
Mausolf, Anne-Katrin: **Kätzchen.** Kosmos 2016
von Stockfleth, Bettina und Denise Seidl: **Katzenkinder.** Kosmos 2017

Verstehen und verstanden werden

Auf du und du mit der Katze? Das wünschen sich die meisten, denn eine innige Beziehung fordert Verständnis auf beiden Seiten. Hier erfahren Sie alles über Katzenverhalten und Katzensprache:

Bradshaw, John: **Die Welt aus Katzensicht.** Kosmos 2015
Jones; Renate: **Unsauberkeit bei Katzen.** Kosmos 2016
Rauth-Widmann, Brigitte: **Katzensprache.** Kosmos 2019
Seidl, Denise: **Katzenprobleme.** Kosmos 2018

Nie mehr Langeweile

Für Wohnungskatzen kann der Alltag manchmal ganz schön eintönig sein. Bevor sich Speckröllchen unterm Fell breit machen und Ihr Sofatiger nur noch zwischen Couch und Futternapf hin und her pendelt, ist ein wenig Action angesagt.

Dexel, Birga: **Birga Dexels Clickertraining für Katzen.** Kosmos 2014
Ruthenfranz, Sabine: **Spielekiste für Katzen.** Kosmos 2015
Seidl, Denise: **Spiel und Spaß für meine Katze.** Kosmos 2019
Theby, Viviane: **Clickern mit meiner Katze.** Kosmos 2018

ADRESSEN

Dachorganisationen

Fédération Internationale Féline
(FIFe), The General Secretary
Na Vršku 470
CZ-67167 Hrušovany nad Jevišovkou
general-secretary@fifeweb.org
www.fifeweb.org

World Cat Federation (WCF)
Generalsekretariat
Geisbergstr. 2
D-45139 Essen
wcf@wcf.online.de
www.wcf-online.de

Nationale Vereine und Verbände

1. Deutscher Edelkatzenzüchter-
Verband e. V. (1. DEKZV)
Mühlweg 4
D-35614 Asslar
office@dekzv.de
www.dekzv.de

Österreichischer Verband für die
Zucht und Haltung von Edelkatzen
e. V. (OVEK)
Liechtensteinstr. 126
A-1090 Wien
herbert.steinhauser@chello.at
www.oevek.at

Fédération Féline Helvétique (FFH)
Sekretariat: Feyfar, Stephanie
Baselstr. 35
CH-4132 Muttenz
sekretariat@ffh.ch
www.ffh.ch

Haustierregister

TASSO-Haustierzentralregister für
die Bundesrepublik Deutschland e.V..
Otto-Volger-Str. 15
65843 Sulzbach/Ts.
eMail: info@tasso.net
URL: www.tasso.net

Deutsches Haustierregister
DEUTSCHER TIERSCHUTZBUND e. V.
Bundesgeschäftsstelle
In der Raste 10
53129 Bonn
www.registrier-dein-tier.de

REGISTER

FÜR EIN GLÜCKLICHES
—— KATZENLEBEN

104 Seiten, ca. € (D)12,99

Ein Nickerchen auf dem Sofa, ein Häppchen aus dem Futternapf, gelangweilt Krallen wetzen am Kratzbaum – der Tag einer Wohnungskatze kann ganz schön öde sein. Doch jetzt kommt Leben in die Bude: Mit flotten Such- und Angelspielen für Flinke, IQ-Tests und Denksportaufgaben für Clevere und Katzen-Agility für Akrobaten. Über 50 Ideen garantieren die schönsten Spieleabende allein, zu zweit, zu dritt!

DENISE SEIDL

KOSMOS

Die schönsten
SPIEL IDEEN

SPIEL & SPASS
FÜR KATZEN

Denksport, Action und Gute-Laune-Spiele

—Ein
Hobby,
das verbindet

MIT KOSMOS MEHR ENTDECKEN SEIT 1822

104 Seiten, ca. € (D)14,99

Katzen sind schwer erziehbar? Nein, denn mit der richtigen Methode, dem Clickertraining, wird die Erziehung zum Kinderspiel. Viviane Theby gilt als Clicker-Koryphäe in Deutschland. Sie weiß, wie man mit dem Clicker die Samtpfote erzieht und beschäftigt und wie man das Training didaktisch am besten aufbereitet, damit Katzenhalter es leicht erlernen. Alle Tricks wie Slalom, Männchen machen oder Pfötchen geben machen Spaß. Zudem gibt das Training Sicherheit im Alltag, egal ob beim Autofahren, Leinegehen oder dem Besuch beim Tierarzt.

Bildnachweis

103 Farbfotos wurden von Charlotte Widmann für dieses Buch aufgenommen.
Weitere Farbfotos von Anna Auerbach/Kosmos (1: S. 24-25), Hilbert Glaser (15: S. 18 beide,
19 alle 3, 35 o., 36 beide, 37 beide, 62 o., 63 beide, 70 r., 71 l.), Gabriele Metze/Kosmos
(6: 80 beide, 81 alle 3, 87 u.), Kim Indra Oehne/Kosmos (1: S. 66-67), Heike Schmidt-Röger
(37: S. 4, 5 l., 8 o., 14, 15 o., 16 u., 22 o., 32 beide, 39 M., 39 u., 48-49, 50 beide, 51 beide, 58 o.,
60 beide, 61 beide, 65 beide, 76, 77 beide, 84 beide, 85 beide, 86 beide, 87 o., 88-89, 90, 92, 93 o.),
Verena Scholze/Kosmos (3: S. 75 alle 3), Sandra Schürmans (3: S. 2, 6–7, 74).

Impressum

Umschlaggestaltung von die basis/Jeanne van Stuyvenberg unter Verwendung eines Farbfotos von
Shutterstock/EvaGai (U1), vier Farbfotos von Sandra Schürmans (U4, Klappe vorne außen, vorne
innen und hinten innen) sowie einem Farbfoto von Charlotte Widmann (Klappe hinten außen).

Mit 175 Farbfotos.

Unser gesamtes Programm finden Sie unter **kosmos.de**.
Über Neuigkeiten informieren Sie regelmäßig unsere
Newsletter, einfach anmelden unter **kosmos.de/newsletter**

Gedruckt auf chlorfrei gebleichtem Papier

2. aktualisierte und überarbeitete Auflage
© 2021, Franckh-Kosmos Verlags-GmbH & Co. KG,
Pfizerstraße 5–7, 70184 Stuttgart
Alle Rechte vorbehalten
ISBN 978-3-440-16788-5
Redaktion: Alice Rieger
Gestaltungskonzept: Walter Typografie & Grafik, Würzburg
Gestaltung und Satz: DOPPELPUNKT, Stuttgart
Produktion: Nina Renz
Druck und Bindung: Westermann Druck Zwickau GmbH, Zwickau
Printed in Germany / Imprimé en Allemagne